박문각 행정사

2차

KB191517

이준희
행정사실무법

박문각 행정사연구소 편_이준희

사례 / 단문

동영상 강의 www.pmg.co.kr

박문각

박문각 행정사
이준희 행정사실무법
사례/단문 | 2차

머리말

행정사실무법은 행정심판법, 비송사건절차법, 행정사법으로 구성되어 있습니다. 행정심판법과 비송사건절차법은 행정소송과 민사소송의 지식을 전제로 접근해야 이해가 수월합니다. 또한 법학에 대한 기본이 충분하지 않은 단순한 암기로는 합격을 위한 점수를 획득하기가 힘들기 때문에, 교재만으로 학습하는 것이 아니라 교재와 연계된 수업과 함께 학습하기를 추천합니다.

본 교재는 다음과 같은 특징을 가지고 있습니다.

첫째, 행정사 2차 시험 답안을 위해 필요한 내용만을 구성하였습니다.
행정사 2차 논술시험은 문제에서 주어진 논점을 바르게 파악하고 그에 맞는 내용을 중요 키워드별로 정해진 시간 안에 작성하는 싸움입니다. 따라서 정확한 이해를 통해 기본서 내용의 핵심을 추출하여야 합니다. 본 교재는 핵심만을 추출하여 수험생들이 답안에 작성하여야 하는 내용만을 구성하였습니다.

둘째, 행정심판 문제를 해결하기 위한 사례형 문제를 함께 수록하였습니다.
행정사 2차 시험은 사례형 문제가 합격 여부를 좌우합니다. 따라서 출제된 기출 사례와 각 주요 테마별 연습문제를 충분히 연습해 답안 작성에 어려움이 없도록 구성하였고, 각 문제의 답안 역시 실제 시험시간을 고려하여 작성하였습니다.

현재 행정사를 직업으로 갖고 있는 편저자이기에 행정사라는 자격은 상당히 매력 있는 전문자격사임을 자부합니다. 이 교재로 학습하는 모든 수험생들이 저와 함께 행정사로서 앞날을 꿈꾸길 기원합니다.

2024년 10월 5일
편저자 행정사 이준희 올림

행정사 2차 시험 정보

1. 시험 일정: 매년 1회 실시

원서 접수	시험 일정	합격자 발표
2025년 8월경	2025년 10월경	2025년 12월경

2. 시험 과목 및 시간

교시	입실	시험 시간	시험 과목	문항 수	시험 방법
1교시	09:00	09:30~11:10 (100분)	**[공통]** ① 민법(계약) ② 행정절차론(행정절차법 포함)	과목당 4문항 (논술 1, 약술 3) ※ 논술 40점, 약술 20점	논술형 및 약술형 혼합
2교시	11:30	•일반/해사 행정사 11:40~13:20 (100분) •외국어번역 행정사 11:40~12:30 (50분)	**[공통]** ③ 사무관리론 　(민원 처리에 관한 법률, 행정업무의 운영 및 혁신에 관한 규정 포함) **[일반행정사]** ④ 행정사실무법(행정심판사례, 비송사건절차법) **[해사행정사]** ④ 해사실무법(선박안전법, 해운법, 해사안전기본법, 해사교통안전법, 해양사고의 조사 및 심판에 관한 법률) **[외국어번역행정사]** 해당 외국어(외국어능력시험으로 대체 가능한 영어, 중국어, 일본어, 프랑스어, 독일어, 스페인어, 러시아어 등 7개 언어에 한함)		

외국어능력검정시험 성적표 제출

2차 시험 원서 접수 마감일 전 5년 이내에 실시된 것으로 기준 점수 이상이어야 함

● 영어

시험명	TOEIC	TEPS	TOEFL	G-TELP	FLEX	IELTS
기준 점수	쓰기시험 150점 이상	쓰기시험 71점 이상	쓰기시험 25점 이상	GWT 작문시험에서 3등급 이상(1, 2, 3등급)	쓰기시험 200점 이상	쓰기시험 6.5점 이상

● 일본어, 중국어, 스페인어, 프랑스어, 독일어, 러시아어

시험명	FLEX (공통)	신HSK (중국어)	DELE (스페인어)	DELF/DALF (프랑스어)	괴테어학 (독일어)	TORFL (러시아어)
기준 점수	쓰기 시험 200점이상	6급 또는 5급 쓰기 60점 이상	C1 또는 B2 작문 15점 이상	C2 독해/작문 25점 이상 및 C1 또는 B2 작문 12.5점 이상	C2 또는 B2 쓰기 60점 이상 및 C1 쓰기 15점 이상	1~4단계 쓰기 66% 이상

시험의 면제

1. **면제 대상**: 공무원으로 재직한 사람과 외국어 번역 업무에 종사한 경력이 있는 사람 등은 행정사 자격시험의 전부 또는 일부가 면제된다(제2차 시험 일부 과목 면제).

2. **2차 시험 면제 과목**

일반/해사행정사	행정절차론, 사무관리론
외국어번역행정사	민법(계약), 해당 외국어

합격자 결정 방법

1. **합격기준**: 1차 시험 및 2차 시험 합격자는 과목당 100점을 만점으로 하여 모든 과목의 점수가 40점 이상이고, 전 과목의 평균 점수가 60점 이상인 사람으로 한다(단, 2차 시험에서 외국어시험을 외국어능력검정시험으로 대체하는 경우에는 해당 외국어시험은 제외).

2. **최소합격인원**: 2차 시험 합격자가 최소선발인원보다 적은 경우에는 최소선발인원이 될 때까지 모든 과목의 점수가 40점 이상인 사람 중에서 전 과목 평균점수가 높은 순으로 합격자를 추가로 결정한다. 이 경우 동점자가 있어 최소선발인원을 초과하는 경우에는 그 동점자 모두를 합격자로 한다.

출제경향 분석

1. 2024 행정사실무법 전체 총평

문제 난이도만을 객관적으로 평가한다면 평이하게 출제되었습니다. 물론 시험이라는 환경 속에서는 항상 문제가 어렵게 느껴질 수밖에 없습니다. 하지만 중요 논점에서 크게 벗어나지 않았으면 과거 기출 논점에서 대부분 출제되었다는 점에서 차분히 시험에 임하셨다면 좋은 결과를 예상합니다.

2. 각 문제별 분석

1번 문제의 경우 거부처분에 대한 대상적격 가능 여부와 행정심판의 종류가 물음 1의 논점이고, 인용재결의 기속력이 물음 2의 논점입니다.

물음 1의 경우 거부처분의 성립요건에 따라 대상적격이 성립하며, 거부처분취소심판과 의무이행심판이 모두 가능하다는 결론을 작성하시면 됩니다.

물음 2의 경우 인용재결 기속력으로 발생하는 재처분의무가 재결의 취지에 합당한지 여부를 판단하는 문제입니다. '기본적 사실관계의 동일성' 이론에 따라 구청장 乙이 주장하는 다른 불허가사유가 타당하다면 정당한 처분에 해당합니다.

2번 문제의 경우 행정사의 업무에 관한 법조문을 작성하는 문제이며, 항상 중요하다고 강조되어 오던 논점입니다. 단순한 암기를 요구하고 있어 상대적으로 용이한 문제라고 볼 수 있습니다.

3번 문제의 경우 비송 총론 심리 파트에서 출제된 사실인정 원칙과 방법은 비송의 특징을 이해하고 있는지에 대한 문제입니다.

4번 문제의 경우 비송 총론 심리 파트에서 출제된 절차의 종료 원인은 종국 재판의 경우과 당사자의 행위에 의한 경우로 목차를 구성하여 작성하시면 됩니다.

3. 수험 전략

행정심판 사례는 최근 들어서 기본 개념에 대한 부분을 논점으로 구성하고 있습니다. 따라서 논점별 작성해야 할 답안을 미리 준비하여 암기하는 것은 물론 기계적 암기가 아닌 정확한 이해가 선행되지 않는다면 자신이 아는 만큼의 답안 작성을 하기가 힘듭니다. 즉 기본이론 과정의 중요성이 더욱 강조됩니다. 또한 판례를 변형한 문제가 출제되므로 판례에 대한 정확한 학습의 중요성을 다시 한번 강조하게 됩니다.

비송사건절차법은 올해도 총론 파트에서 2문제가 모두 출제되었습니다. 따라서 총론 부분을 정확히 이해하고 각론 부분은 주요 사건의 예외적인 절차만을 암기하는 방식의 공부가 효율적으로 보입니다. 총론 부분의 주요 논점들이 기출 문제로 반복되다 보니 앞으로는 과거 출제된 부분에 대하여 철저히 준비하여야 합니다.

행정사법은 그 양이 많지 않지만 1문제씩 항상 출제되고 있습니다. 항상 법조문을 그대로 작성하는 문제이므로 이에 대한 철저한 암기가 필요합니다.

행정사
이준희 행정사실무법

구분	행정심판법	행정사법	비송사건절차법
제1회	• 절차상 하자와 사정재결 인정 여부(40점) • 제척, 기피, 회피(20점)		• 심리방법(20점) • 재판상 대위 사건(20점)
제2회	심판청구의 인용 여부(신뢰보호원칙)(40점)	업무정지사유와 업무정지처분효과의 승계(20점)	• 종료 사유(20점) • 과태료 재판에 대한 불복방법(20점)
제3회	청구요건(청구기간)과 정보공개거부처분의 적법 여부(40점)	장부 검사와 자격취소(20점)	• 항고의 의의 및 종류(20점) • 토지관할과 우선관할 및 이송(15점) • 관할법원의 지정(5점)
제4회	집행정지와 임시처분(40점)	과태료 부과대상자의 유형 및 내용(20점)	• 재판의 방식과 고지(20점) • 대리와 법원의 퇴정명령(20점)
제5회	• 청구요건(청구기간, 협의의 청구이익)(30점) • 처분사유의 추가·변경(10점)	업무신고와 그 수리거부(20점)	• 과태료 약식재판에 대한 불복(20점) • 재판의 취소·변경(20점)
제6회	• 재결의 기속력(20점) • 의무이행심판의 대상적격과 청구인적격(20점)	금지행위와 벌칙(20점)	• 형성력, 형식적 확정력, 기판력, 집행력(20점) • 절차비용의 부담자와 비용에 관한 재판(20점)
제7회	• 관할과 제3자의 심판 참가(20점) • 실효성 확보 수단(직접처분과 간접강제)(20점)	의무와 책임(20점)	• 특징(20점) • 증거조사(20점)
제8회	• 청구기간(20점) • 재결의 종류(20점)	업무신고의 기준과 행정사업무신고확인증(20점)	• 항고기간과 항고제기의 효과(20점) • 대리(20점)
제9회	• 피청구인과 특별행정심판(20점) • 처분사유의 추가·변경(20점)	행정사법인의 설립과 설립인가의 취소(20점)	• 절차의 개시 유형(20점) • 민사소송사건의 구별 기준 및 차이점(20점)
제10회	• 거부처분의 성립과 집행정지(20점) • 재결의 기속력(20점)	행정사법인의 업무신고와 업무수행 방법(20점)	• 기일(20점) • 재량이송과 이송재판의 효력(20점)
제11회	• 집행정지(20점) • 실효성 확보 수단(간접강제)(20점)	자격취소와 업무정지(20점)	• 토지관할과 이송(20점) • 항고의 종류와 효과(20점)
제12회	• 거부처분의 성립과 행정심판의 유형(20점) • 재결의 기속력(20점)	일반행정사의 업무(20점)	• 사실인정의 원칙과 방법(20점) • 종료 원인(20점)

CONTENTS

차 례

PART 03 행정사법

PART 04 비송사건절차법

행정사
이준희 행정사실무법

PART

01

행정심판법

01 행정심판의 종류

1. 취소심판

취소심판이란 행정청의 위법 또는 부당한 처분을 취소하거나 변경하는 행정심판을 말한다.

2. 무효등확인심판

무효등확인심판이란 행정청의 처분의 효력 유무 또는 존재 여부를 확인하는 행정심판을 말한다. 구체적인 내용에 따라 유효확인심판·무효확인심판·존재확인심판·부존재확인심판으로 구분된다.

3. 의무이행심판

의무이행심판이란 행정청의 위법 또는 부당한 거부처분이나 부작위에 대하여 일정한 처분을 하도록 하는 행정심판을 말한다.

甲은 자신이 소유한 토지에 주택을 건축하기 위하여 관할 행정청인 구청장 乙에게 토지형질변경허가를 신청하였으나 乙은 이 토지가 그 지형조건 등에 비추어 주택을 건축하기에 매우 부적법하다는 점을 이유로 허가를 거부하였다. 다음 물음에 답하시오.

물음 1) 乙의 거부행위가 행정심판의 대상이 되는지 그 요건을 검토하고, 乙의 거부행위에 대한 불복방법으로서 적합한 행정심판의 유형에 관하여 설명하시오. (20점)

| 모범답안 |

I 대상적격

1. 행정심판 대상

행정심판은 처분과 부작위를 대상으로 한다. 처분이란 행정청이 행하는 구체적 사실에 관한 법집행으로서의 공권력의 행사 또는 그 거부, 그 밖에 이에 준하는 행정작용을 의미한다.

2. 거부처분의 성립요건

거부행위가 처분이 되기 위해서는 ① 신청의 내용이 공권력의 행사 또는 이에 준하는 행정작용이어야 하고, ② 신청인의 법률관계에 직접 영향을 미치는 것이어야 하며, ③ 신청인에게 특정행위를 요구할 수 있는 법규상 또는 조리상 신청권이 있어야만 한다.

3. 사안의 적용

사안의 경우 乙의 거부행위는 토지형질변경이 없으면 주택을 건축할 수 없다는 점에서 법률관계에 직접 영향을 미치는 공권력 행사에 해당한다. 따라서 거부처분으로서 행정심판의 대상에 해당한다.

II 행정심판의 유형

1. 행정심판법상 행정심판의 종류

행정심판법은 ① 행정청의 위법 또는 부당한 처분을 취소하거나 변경하는 취소심판과 ② 행정청의 처분의 효력 유무 또는 존재 여부를 확인하는 무효등확인심판, 그리고 ③ 행정청의 위법 또는 부당한 거부처분이나 부작위에 대하여 일정한 처분을 하도록 하는 의무이행심판을 규정하고 있다.

2. 거부처분취소심판의 인정 여부

판례는 당사자의 신청을 거부하는 처분을 취소하는 재결이 있는 경우에는 행정청은 그 재결의 취지에 따라 이전의 신청에 대한 처분을 하여야 한다고 하여 거부처분의 취소를 인정하고 있으며 행정심판법 역시 제49조 제2항에서 거부처분취소심판을 인정하고 있다.

3. 사안의 적용

乙의 거부행위에 대한 불복방법으로서 의무이행심판과 위법성의 정도에 따라 취소심판 또는 무효등확인심판이 가능하다.

02 행정심판청구의 적법성 – 청구요건

행정심판청구가 적법하기 위해서는 다른 법률에 특별한 규정이 없을 것, 행정심판의 대상으로서 처분이나 부작위에 대한 청구일 것, 청구인적격이 있을 것, 심판청구의 현실적 필요성이 있을 것, 피청구인을 상대로 청구기간 내의 청구일 것, 재심판청구가 아닐 것 등이 요구된다.

03 대상적격

1. 행정심판 대상

행정심판은 처분과 부작위를 대상으로 한다. 처분이란 행정청이 행하는 구체적 사실에 관한 법집행으로서의 공권력의 행사 또는 그 거부, 그 밖에 이에 준하는 행정작용을 의미한다.

2. 대상적격 판단 기준

처분성 여부는 추상적, 일반적으로 결정할 수 없고 관련 법령의 내용 및 취지와 행정처분으로서의 성립 내지 효력요건을 충족하고 있는지 여부, 그 행위와 상대방 등이 입는 불이익과의 실질적 관련성 등을 참작하여 개별적으로 결정하여야 할 것이다.

또한, 행정청의 행위가 처분에 해당하는지 불분명한 경우에는 그에 대한 불복방법 선택에 중대한 이해관계를 가지는 상대방의 인식가능성과 예측가능성을 중요하게 고려하여 규범적으로 판단하여야 한다.

3. 사안의 적용

[[…………]]는 그 자체로서 직접 국민에 대하여 구체적 효과를 발생하여 특정한 권리의무를 형성하게 하는 경우에 해당하므로 행정심판의 대상이 된다.

04 거부처분

1. 행정심판 대상

행정심판은 처분과 부작위를 대상으로 한다. 처분이란 행정청이 행하는 구체적 사실에 관한 법집행으로서의 공권력의 행사 또는 그 거부, 그 밖에 이에 준하는 행정작용을 의미한다.

2. 거부처분의 성립요건

거부행위가 처분이 되기 위해서는 ① 신청의 내용이 공권력의 행사 또는 이에 준하는 행정작용이어야 하고 ② 신청인의 법률관계에 직접 영향을 미치는 것이어야 하며 ③ 신청인에게 특정행위를 요구할 수 있는 법규상 또는 조리상 신청권이 있어야만 한다.

신청권 여부는 관계 법규의 해석에 의해 일반 국민에게 신청권을 인정하고 있는지 여부를 추상적으로 결정한다.

행정사 3회 기출

A시는 2014. 5. 30. 구(舊) 도심지의 도시재생사업을 수행할 사업자를 공모하였다. 이 공모에는 甲, 乙, 丙 3개 업체가 지원하였다. 공모심사 결과, 乙이 사업자로 선정되고 甲과 丙은 탈락하였다. 甲은 2015. 5. 4. 乙이 해당 사업을 시행할 능력이 부족하고 사업자 선정과정도 공정하지 못하였다고 주장하면서, A시장에게 ① 심사위원별 평가점수, ② 심사위원 인적 사항 및 ③ 乙업체의 재정상태와 사업실적의 정보공개를 청구하였다. 그런데 A시장은 2015. 5. 18. 위 청구 중 ③에 관한 정보를 보유하고 있지 않으며, ①과 ②에 관한 정보는 비공개대상이라는 사유로 공개를 거부하고, 같은 날 이를 甲에게 통지하였다. 甲은 A시장의 정보공개거부처분의 위법·부당함을 주장하면서 이의신청을 하였으나 2015. 6. 15. 기각결정서를 송달받았다. 이에 甲은 2015. 8. 31. A시장을 상대로 관할 행정심판위원회에 정보공개거부처분의 취소를 구하는 행정심판을 청구하였다.
위 행정심판 청구요건의 적법 여부 및 A시장의 정보공개거부처분의 적법 여부에 관하여 논하시오. (40점)

| 모범답안 |

Ⅰ 문제의 소재

행정심판청구가 적법하기 위해서는 다른 법률에 특별한 규정이 없을 것, 행정심판의 대상으로서 처분이나 부작위에 대한 청구일 것, 청구인적격이 있을 것, 심판청구의 현실적 필요성이 있을 것, 피청구인을 상대로 청구기간 내의 청구일 것, 재심판청구가 아닐 것 등이 요구된다.
그리고 A시장의 정보공개거부처분의 적법 여부에 대해서는 ① 심사위원별 평가점수, ② 심사위원 인적 사항, ③ 乙업체의 재정상태와 사업실적이 비공개대상인지 검토하여야 한다.

Ⅱ 취소심판청구의 적법 여부

1. 심판청구의 형식

판례는 당사자의 신청을 거부하는 처분을 취소하는 재결이 있는 경우에는 행정청은 그 재결의 취지에 따라 이전의 신청에 대한 처분을 하여야 한다고 하여 거부처분의 취소를 인정하고 있으며 행정심판법 역시 제49조 제2항에서 거부처분취소심판을 인정하고 있다.
사안의 경우 甲이 A시장의 비공개결정에 대해 거부처분취소심판을 제기한 것은 적법하다.

2. 대상적격

비공개결정이 취소심판의 대상이 되는 거부처분에 해당하려면 ① 신청의 내용이 공권력의 행사 또는 이에 준하는 행정작용이어야 하고 ② 신청인의 법률관계에 직접 영향을 미치는 것이어야 하며 ③ 신청인에게 특정행위를 요구할 수 있는 법규상 또는 조리상 신청권이 있어야만 한다.
공공기관의 정보공개에 관한 법률상 모든 국민은 정보공개청구권을 가지며, 이는 헌법상 기본권인 알 권리를 근거로 한다. 따라서 A시장의 비공개결정은 거부처분취소심판의 대상이다.

3. 청구인적격

정보공개청구권은 법률상 보호되는 구체적 이익이므로 정보공개청구권이 있는 자는 개인적인 이해관계와 관계없이 공개거부로 인해 그 권리를 침해받는 것이므로 당연히 공개거부를 다툴 청구인적격이 있다.

다만, 해당 정보가 공공기관이 그 정보를 보유·관리하고 있지 아니한 경우에는 비공개대상 정보에 해당하여 정보공개거부처분의 취소를 구할 법률상의 이익이 없다.

따라서 사안에서 A시장의 비공개결정 중 "乙업체의 재정상태와 사업실적"에 대한 甲의 청구는 보유하고 있지 않은 정보에 대한 청구로서 청구이익이 없다.

4. 청구기간

행정심판은 처분이 있음을 알게 된 날부터 90일 이내, 처분이 있었던 날부터 180일 이내에 청구하여야 한다. 다만, 이의신청에 대한 결과를 통지받은 후 행정심판을 제기하려는 자는 그 결과를 통지받은 날부터 90일 이내에 행정심판을 제기할 수 있다.

따라서 甲은 이의신청 기각결정서를 송달받은 날부터 90일 이내에 행정심판을 청구하였으므로 甲의 심판청구는 적법하다.

Ⅲ A시장의 정보공개거부처분의 적법 여부

1. 심사위원별 평가점수

공모심사 결과에 대한 대외적 공표행위가 있은 후에는 의사결정 과정이나 내부 검토 과정에 있는 사항이라고 할 수 없고 심사위원별 평가점수를 공개하더라도 업무의 공정한 수행에 지장을 초래할 염려가 없다. 따라서 乙이 사업자로 선정되었음에도 불구하고 A시장이 심사위원별 평가점수에 대해 비공개하는 것은 위법하다.

2. 심사위원 인적 사항

심사위원의 인적 사항은 개인정보에 해당하고, A시장이 심사위원의 인적 사항에 대해 비공개결정을 한 것은 적법하다.

3. 乙업체의 재정상태와 사업실적

공개청구의 대상이 되는 정보란 공공기관이 직무상 작성 또는 취득하여 현재 보유·관리하고 있는 문서이다.

사안에서 乙업체의 재정상태와 사업실적은 A시가 보유하고 있지 않는 정보이므로 A시장의 공개거부는 적법하다.

Ⅳ 사안의 해결

A시장의 심사위원 인적 사항 및 乙업체의 재정상태와 사업실적에 대한 정보공개거부처분은 적법하다. 그러나 심사위원별 평가점수는 공개 대상 정보에 해당한다. 따라서 심사위원별 평가점수만을 분리하여 공개가 가능함에도 불구하고 甲의 공개청구에 대하여 전부를 비공개한 것은 부적법하다. A시장의 정보공개거부처분에 대한 甲의 취소심판은 일부취소재결이 타당하다.

05 부작위

1. 행정심판 대상

행정심판은 처분과 부작위를 대상으로 한다.

2. 부작위의 성립요건

행정청이 당사자의 신청에 대하여 상당한 기간 내에 일정한 처분을 하여야 할 법률상 의무가 있음에도 불구하고 하지 않는 경우 부작위에 해당한다.

신청인에게 그 행위 발동을 요구할 법규상 또는 조리상 신청권이 있어야만 한다.

06 청구인적격

1. 개념

행정심판은 법률상 이익이 있는 자가 청구[1]할 수 있다. 이는 직권조사사항으로 청구인적격이 없는 자의 심판청구는 부적법 각하된다.

2. 법률상 이익이 있는 자

1) 법률의 범위

법률은 근거법과 관련법까지 포함하는 의미이다.

2) 법률상 이익의 의미

① 권리구제설 ② 법률상 이익구제설 ③ 보호가치 있는 이익구제설 ④ 적법성보장설로 견해가 대립되고 있으나 문자 그대로 법률상 보호되는 이익으로 보는 것이 일반적이다.

3) 법률상 이익이 있는 자

개별적·직접적·구체적 이익이 있는 자를 의미한다.

3. 법인 아닌 사단 또는 재단

대표자나 관리인이 있는 경우 그 재단이나 사단의 이름으로 청구한다.

---

1 제13조 【청구인적격】
　① 취소심판은 처분의 취소 또는 변경을 구할 법률상 이익이 있는 자가 청구할 수 있다. 처분의 효과가 기간의 경과, 처분의 집행, 그 밖의 사유로 소멸된 뒤에도 그 처분의 취소로 회복되는 법률상 이익이 있는 자의 경우에도 또한 같다.
　② 무효등확인심판은 처분의 효력 유무 또는 존재 여부의 확인을 구할 법률상 이익이 있는 자가 청구할 수 있다.
　③ 의무이행심판은 처분을 신청한 자로서 행정청의 거부처분 또는 부작위에 대하여 일정한 처분을 구할 법률상 이익이 있는 자가 청구할 수 있다.

4. 제3자의 청구인적격

1) 경업자

행정청이 신규 인·허가를 함으로서 새로운 사업자가 기존의 사업자와 경쟁관계를 가지게 될 때 기존업자(기존업자의 사업-특허)를 의미한다.

> ◉ **허가업자 중 법률상 이익이 있는 경우**
> • 담배 일반소매인으로 지정되어 영업을 하고 있는 기존업자
> • 적법한 허가를 받아 허가지역 내에서 약종상 영업을 하고 있는 자
> • 주류제조업의 면허를 얻은 자
> • 분뇨 등 관련 영업허가를 받은 자

판례

일반적으로 면허나 인·허가 등의 수익적 행정처분의 근거가 되는 법률이 해당 업자들 사이의 과당경쟁으로 인한 경영의 불합리를 방지하는 것도 그 목적으로 하고 있는 경우, 다른 업자에 대한 면허나 인·허가 등의 수익적 행정처분에 대하여 이미 같은 종류의 면허나 인·허가 등의 수익적 행정처분을 받아 영업을 하고 있는 기존의 업자는 경업자에 대하여 이루어진 면허나 인·허가 등 행정처분의 상대방이 아니라 하더라도 당해 행정처분의 취소를 구할 원고적격이 있다(대법원 2006. 7. 28. 2004두6716).

2) 경원자

인·허가의 수익적 처분을 신청한 여러 사람 중 일방에 대한 허가가 타방에 대한 불허가로 귀결될 수밖에 없는 양립 불가능한 관계를 의미한다.

3) 인근 주민

특정인에 대한 수익적 처분이 이웃하는 주민에게 불이익한 결과가 발생하는 경우에 침해를 받는 인근 주민이 그 침해를 다투는 경우를 의미한다.

07 협의의 청구이익

1. 협의의 청구이익

청구인적격에서 말하는 법률상 이익을 실제적으로 보호할 필요성을 말한다. 심판은 취소로
인해 구제가 현실적으로 실현될 수 있어야 권리보호의 필요가 존재한다.

2. 협의의 청구이익이 부정되는 경우

처분의 효력이 소멸한 경우, 원상회복이 불가능한 경우, 처분 후의 사정변경이 있는 경우는
원칙적으로 청구이익이 부정된다.

3. 행정심판법 제13조 제1항 단서

처분의 효과가 기간의 경과, 처분의 집행, 그 밖의 사유로 소멸된 뒤에도 그 처분의 취소로
인하여 회복되는 법률상 이익이 있는 경우에 청구이익을 인정하고 있다.

> ✔ **회복되는 법률상 이익이 있는 경우**
> • 당해 처분의 존재가 장래의 가중적 처분의 요건인 경우
> • 회복되는 부수적 이익이 있는 경우
> • 동일한 사유로 위법한 처분이 반복될 위험성이 있는 경우

청구인의 지위승계 · 변경

1. 지위승계

1) 당연승계

청구인이 사망한 경우에는 상속인이나 그 밖에 법령에 따라 심판청구의 대상에 관계되는 권리나 이익을 승계한 자가, 법인인 청구인이 합병에 따라 소멸하였을 때는 합병 후 존속하는 법인이나 합병에 따라 설립된 법인이 승계한다.

2) 허가승계

심판청구의 대상과 관계되는 권리나 이익을 양수한 자는 위원회의 허가를 받아 청구인의 지위를 승계할 수 있다.

2. 변경

행정심판절차에서 임의적인 청구인의 변경은 원칙적으로 적용되지 않으며, 청구인적격이 없는 자가 제기한 심판청구는 부적법한 것으로 흠결이 보정될 수 없다.

피청구인

1. 피청구인적격

1) 원칙

행정심판은 처분을 한 행정청을 피청구인으로 하여 청구하여야 한다.

행정청이란 의사나 판단을 결정하여 외부에 표시할 수 있는 권한을 가지는 행정기관을 의미한다.

2) 위임 · 위탁

권한의 위임 또는 위탁이 있을 시에는 수임청 또는 수탁청이 행정청이 되며 권한이 다른 행정청에 승계된 때에는 그 권한을 승계한 행정청이 처분청 또는 부작위청이 된다.

2. 피청구인 경정

1) 사유

청구인이 피청구인을 잘못 지정한 경우 또는 행정심판이 제기된 후에 당해 처분이나 부작위에 관련된 권한이 다른 행정청에 승계된 경우에는, 행정심판위원회는 당사자의 신청이나 직권에 의하여 결정으로 피청구인을 경정한다.

2) 효과

행정심판위원회가 피청구인의 경정결정을 하면 종전의 피청구인에 대한 청구는 취하되고, 새로운 피청구인에 대한 심판청구가 처음부터 제기된 것으로 본다.

행정사 9회 기출

甲은 1988. 9. 1. A제철주식회사에 입사하여 발전시설에서 근무하다가 터빈 및 보일러 작동 소음에 장기간 노출되어 우측 청력에 중대한 장애가 발생하였다는 이유로 전보를 요청하였고, 2004. 3. 2. 시약생산과로 전보되어 근무하다가 2009. 2. 6. 퇴사하였다. 甲은 2009. 3. 6. 근로복지공단에 '우측 감각신경성 난청'에 대한 장애보상청구를 하였는데, 근로복지공단은 2009. 5. 9. 보험급여 청구를 3년간 행사하지 않아 장애보상청구권이 소멸하였다는 점을 사유로 장애급여 부지급 결정을 甲에게 통보하였다. 甲은 이에 불복하여 근로복지공단에 대한 심사청구를 거쳐 산업재해보상보험재심사위원회에 재심사청구를 하였다. 이에 근로복지공단은 甲의 상병이 업무상 재해인 소음성 난청으로 보기 어렵다는 처분사유를 추가하였다. 다음 물음에 답하시오.

※ 당시 산업재해보상보험법령에 따르면 장해보상청구권은 치유일로부터 3년 이내에 행사하여야 하며, 그 치유시기는 해당 근로자가 더 이상 직업성 난청이 유발될 수 있는 장소에서 업무를 하지 않게 되었을 때로 한다고 규정하고 있었다.

물음 1) 근로복지공단이 행정심판의 피청구인이 될 수 있는지를 검토하고, 근로복지공단의 심사청구 및 산업재해보상보험재심사위원회의 재심사청구의 법적성질에 관하여 논하시오. (20점)

| 모범답안 |

Ⅰ 근로복지공단의 피청구인적격

1. 피청구인적격

행정심판은 처분을 한 행정청을 피청구인으로 하여 청구하여야 한다.

행정청이란 의사나 판단을 결정하여 외부에 표시할 수 있는 권한을 가지는 행정기관을 의미한다. 권한의 위임 또는 위탁이 있을 시에는 수임청 또는 수탁청이 행정청이 되며 권한이 다른 행정청에 승계된 때에는 그 권한을 승계한 행정청이 처분청 또는 부작위청이 된다.

2. 근로복지공단의 피청구인적격 여부

근로복지공단은 관련 법령에 따라 고용노동부장관으로부터 권한을 위임받은 수임청으로서 특별행정심판의 피청구인에 해당한다.

Ⅱ 심사청구와 재심사청구의 법적성질

1. 특별행정심판

전문성과 특수성을 살리기 위하여 특히 필요한 경우에는 행정심판법에 따른 행정심판을 갈음하는 특별한 행정불복절차를 둘 수 있다. 이를 특별행정심판이라고 한다.

2. 법적 성질

심사청구는 내부시정절차인 이의신청에 해당하고, 재심사청구는 산업재해보상보험법률상 규정된 특별한 행정불복절차로서 특별행정심판에 해당한다.

10 행정심판의 참가

1. 제3자의 심판 참가

행정심판의 결과에 법률상 이해관계가 있는 제3자 또는 행정청은 심판청구에 대한 위원회나 소위원회의 의결이 있기 전까지 이해관계인의 신청 또는 행정심판위원회의 직권에 의한 요청으로 그 사건에 참가할 수 있다.

2. 참가인의 지위

참가인은 행정심판 절차에서 당사자가 할 수 있는 심판절차상의 행위를 할 수 있다. 따라서 당사자가 위원회에 서류를 제출할 때에는 참가인의 수만큼 부본을 제출하여야 하고, 위원회가 당사자에게 통지를 하거나 서류를 송달할 때에는 참가인에게도 통지하거나 송달하여야 한다.

11 청구기간 – 원칙

행정심판청구는 원칙적으로 처분이 있음을 알게 된 날로부터 90일 이내, 처분이 있은 날로부터 180일 이내에 제기하여야 한다. 90일은 불변기간에 해당하며, 180일은 불변기간이 아니므로 경과하더라도 그 기간 내에 심판청구를 제기하지 못한 정당한 사유가 있는 경우에는 심판청구를 할 수 있다. 두 기간 중 어느 하나라도 먼저 경과하면 당해 행정심판청구는 부적법한 것으로서 각하된다.

12 청구기간 – 제3자효 행정행위

1. 원칙

행정심판청구는 원칙적으로 처분이 있음을 알게 된 날로부터 90일 이내, 처분이 있은 날로부터 180일 이내에 제기하여야 한다. 90일은 불변기간에 해당하며, 180일은 불변기간이 아니므로 경과하더라도 그 기간 내에 심판청구를 제기하지 못한 정당한 사유가 있는 경우에는 심판청구를 할 수 있다. 두 기간 중 어느 하나라도 먼저 경과하면 당해 행정심판청구는 부적법한 것으로서 각하된다.

2. 제3자의 청구기간

처분의 제3자는 통지의 상대방이 아니므로 특별한 사정이 없는 한 행정행위가 있음을 알 수 없다. 따라서 제3자의 행정심판청구기간은 처분이 있은 날로부터 180일 이내가 기준이 된다.

3. 정당한 사유의 문제

처분의 직접 상대방이 아닌 제3자는 특별한 사정이 없는 한 정당한 사유가 있는 경우에 해당하여 180일의 심판청구기간이 경과한 뒤에도 심판을 청구할 수 있다.

13 청구기간 – 오고지 · 불고지

1. 원칙

행정심판청구는 원칙적으로 처분이 있음을 알게 된 날로부터 90일 이내, 처분이 있은 날로부터 180일 이내에 제기하여야 한다. 90일은 불변기간에 해당하며, 180일은 불변기간이 아니므로 경과하더라도 그 기간 내에 심판청구를 제기하지 못한 정당한 사유가 있는 경우에는 심판청구를 할 수 있다. 두 기간 중 어느 하나라도 먼저 경과하면 당해 행정심판청구는 부적법한 것으로서 각하된다.

2. 청구기간 오고지 · 불고지의 효과

1) 고지의무

행정청은 서면에 의한 처분을 하는 경우에 상대방에게 심판청구기간 등 일정한 사항을 알려야 한다.

2) 오고지

행정청이 착오로 90일의 기간보다 긴 기간으로 고지한 경우에는 그 잘못 고지된 기간 내에 청구하면 된다.

3) 불고지

청구기간을 고지하지 않은 경우에는 처분이 있은 날로부터 180일 이내에 행정심판을 청구하면 된다.

행정사 甲은 "행정사와 그 사무직원은 업무에 관하여 법률이 정한 보수 외에 어떠한 명목으로도 위임인으로부터 금전 또는 재산상의 이익이나 그 밖의 반대급부(反對給付)를 받지 못한다."라는 행정사법의 규정에 위반하는 행위를 하였다는 이유로 관할 행정청인 A시장으로부터 1개월 업무정지처분을 한다는 내용의 처분서를 2017. 5. 1. 송달받았다. 그에 따라 甲은 A시장으로부터 위 처분에 대한 행정심판 고지를 받지 못했다. 甲은 2017. 9. 8. 위 처분에 불복하여 행정심판위원회에 A시장의 업무정지처분의 취소를 구하는 행정심판을 제기하였다. 행정사법 시행규칙 [별표] 업무정지처분 기준에서는 제재처분의 횟수에 따라 제재가 가중되는 것으로 규정하고 있다. 다음 물음에 답하시오.

물음 1) 甲이 제기한 행정심판은 청구요건을 충족하는가? (30점)

| 모범답안 |

Ⅰ 문제의 소재

행정심판청구가 적법하기 위해서는 다른 법률에 특별한 규정이 없을 것, 행정심판의 대상으로서 처분이나 부작위에 대한 청구일 것, 청구인적격이 있을 것, 심판청구의 현실적 필요성이 있을 것, 피청구인을 상대로 청구기간 내의 청구일 것, 재심판청구가 아닐 것 등이 요구된다.

사안의 경우 청구기간 준수 여부와 불고지 효과, 그리고 심판청구의 현실적 필요성에 대하여 검토할 필요가 있다.

Ⅱ 청구기간

1. 원칙

행정심판청구는 원칙적으로 처분이 있음을 알게 된 날로부터 90일 이내, 처분이 있은 날로부터 180일 이내에 제기하여야 한다. 90일은 불변기간에 해당하며, 180일은 불변기간이 아니므로 경과하더라도 그 기간 내에 심판청구를 제기하지 못한 정당한 사유가 있는 경우에는 심판청구를 할 수 있다. 두 기간 중 어느 하나라도 먼저 경과하면 당해 행정심판청구는 부적법한 것으로서 각하된다.

2. 청구기간 불고지의 효과

(1) 고지의무

행정청은 서면에 의한 처분을 하는 경우에 상대방에게 심판청구기간 등 일정한 사항을 알려야 한다.

(2) 불고지

청구기간을 고지하지 않은 경우에는 처분이 있은 날로부터 180일 이내에 행정심판을 청구하면 된다.

3. 甲의 청구기간 준수 여부

갑이 처분을 2017. 5. 1. 송달받았다면 그 날로부터 90일 이내에 제기하여야함에도 불구하고 송달일인 2017. 5. 1.로부터 90일이 경과한 2017. 9. 8. 청구를 하였으므로 원칙적으로 청구기간은 도과되었다고 보아야 한다. 그러나 갑은 A시장으로부터 위 처분에 대한 행정심판 가능 여부 고지를 받지 못하였으므로 불고지 효과에 의해 처분이 있은 날로부터 180일 이내에 행정심판을 청구하면 된다. 따라서 갑은 청구기간을 준수하였다.

Ⅲ 심판청구의 현실적 필요성

1. 협의의 청구이익

청구인적격에서 말하는 법률상 이익을 실제적으로 보호할 필요성을 말한다. 심판은 취소로 인해 구제가 현실적으로 실현될 수 있어야 권리보호의 필요가 존재한다.

2. 협의의 청구이익이 부정되는 경우

처분의 효력이 소멸한 경우, 원상회복이 불가능한 경우, 처분 후의 사정변경이 있는 경우는 원칙적으로 청구이익이 부정된다.

3. 행정심판법 제13조 제1항 단서

처분의 효과가 기간의 경과, 처분의 집행, 그 밖의 사유로 소멸된 뒤에도 그 처분의 취소로 인하여 회복되는 법률상 이익이 있는 경우에 청구이익을 인정하고 있다.

4. 영업정지기간 경과 후에 청구의 이익

처분의 효력이 소멸한 후에는 원칙적으로 협의의 청구이익은 인정되지 않는다. 다만 사안의 경우처럼 당해 처분의 존재가 장래의 가중적 제재 처분의 요건으로 되어있는 경우에는 그러한 불이익을 제거할 권리보호의 필요성이 인정되므로 예외적으로 청구의 이익이 있다고 본다.

5. 시행규칙에 규정된 가중적 제재 처분

제재적 행정처분의 가중사유나 전제조건에 관한 규정이 법령이 아니라 규칙의 형식으로 되어 있다고 하더라도, 관할 행정청이나 담당공무원은 이를 준수할 의무가 있으므로 이들이 그 규칙에 정해진 바에 따라 행정작용을 할 것이 당연히 예견된다. 따라서 상대방이 그 처분의 존재로 인하여 장래에 받을 불이익은 구체적이고 현실적인 것이므로 선행처분을 취소하여 그 불이익을 제거할 필요가 있다.

Ⅳ 사안의 해결

甲은 청구기간 내에 행정심판을 제기하였으며, 심판의 현실적 이익도 있으므로 청구요건을 충족하였다고 본다.

행정사 8회 기출

甲은 관할 행정청인 A시장에게 노래연습장업의 등록을 하고 그 영업을 영위해 오고 있다. 甲은 2020. 3. 5. 23:30경 영업장소에 청소년을 출입시켜 주류를 판매·제공하였다는 이유로 단속에 적발되었다. A시장은 사전통지 절차를 거친 후 2020. 4. 8. 甲에 대한 3개월의 영업정지 처분의 통지서를 송달하였고, 甲은 다음날 처분 통지서를 수령하였다. 통지서에는 "처분이 있음을 안 날부터 120일 이내에 B행정심판위원회에 행정심판을 제기할 수 있다"고 청구기간이 잘못 기재되어 있었다. 甲은 해당 처분이 자신의 위반행위에 비하여 과중한 제재처분이라고 주장하면서 A시장을 피청구인으로 하여 B행정심판위원회에 2020. 8. 3. 취소심판을 제기하였다. 다음 물음에 답하시오.

물음 1) 甲이 제기한 행정심판은 청구기간을 준수하였는지 논하시오. (20점)

| 모범답안 |

Ⅰ 문제의 소재

甲은 영업정지 처분 통지서를 수령한 날로부터 90일이 경과한 후 행정심판을 청구하였으므로 행정심판 청구기간 적법 여부가 문제된다.

Ⅱ 청구기간

1. 원칙

행정심판청구는 원칙적으로 처분이 있음을 알게 된 날로부터 90일 이내, 처분이 있은 날로부터 180일 이내에 제기하여야 한다. 90일은 불변기간에 해당하며, 180일은 불변기간이 아니므로 경과하더라도 그 기간 내에 심판청구를 제기하지 못한 정당한 사유가 있는 경우에는 심판청구를 할 수 있다. 두 기간 중 어느 하나라도 먼저 경과하면 당해 행정심판청구는 부적법한 것으로서 각하된다.

2. 청구기간의 오고지

행정청이 착오로 90일의 기간보다 긴 기간으로 고지한 경우에는 그 잘못 고지된 기간 내에 청구하면 된다.

Ⅲ 사안의 해결

원칙적으로 청구인 갑은 2020. 4. 9. 영업정지 처분이 있음을 알게 된 날로부터 90일 이내 행정심판을 제기하여야 한다. 다만 본 사안의 경우 행정청 A가 청구기간을 오고지하였으므로 고지한대로 처분이 있음을 안 날로부터 120일 이내에 행정심판을 제기 할 수 있다

따라서 甲이 제기한 행정심판은 청구기간을 준수하였다.

14 청구기간 - 고시

1. 원칙

행정심판청구는 원칙적으로 처분이 있음을 알게 된 날로부터 90일 이내, 처분이 있은 날로부터 180일 이내에 제기하여야 한다. 90일은 불변기간에 해당하며, 180일은 불변기간이 아니므로 경과하더라도 그 기간 내에 심판청구를 제기하지 못한 정당한 사유가 있는 경우에는 심판청구를 할 수 있다. 두 기간 중 어느 하나라도 먼저 경과하면 당해 행정심판청구는 부적법한 것으로서 각하된다.

2. 특정인 대상의 고시·공고

당사자가 고시·공고를 본 경우에는 본 날이 처분이 있음을 알게 된 날이다. 그러나 현실적으로 청구기간은 고시·공고가 있은 날로부터 180일 이내가 적용되며 특별한 사정이 없는 한 정당한 사유가 있는 경우에 해당하여 180일의 심판청구기간이 경과한 뒤에도 심판을 청구할 수 있다.

3. 불특정 다수인에 대해 고시·공고

고시 또는 공고의 효력 발생일에 그 처분이 있었음을 알았던 것으로 보아 청구기간을 기산하여야 한다.

15 청구기간 – 이의신청을 거친 경우

1. 원칙

행정심판청구는 원칙적으로 처분이 있음을 알게 된 날로부터 90일 이내, 처분이 있은 날로부터 180일 이내에 제기하여야 한다. 90일은 불변기간에 해당하며, 180일은 불변기간이 아니므로 경과하더라도 그 기간 내에 심판청구를 제기하지 못한 정당한 사유가 있는 경우에는 심판청구를 할 수 있다. 두 기간 중 어느 하나라도 먼저 경과하면 당해 행정심판청구는 부적법한 것으로서 각하된다.

2. 이의신청을 거친 경우 청구기간

이의신청에 대한 결과를 통지받은 후 행정심판을 제기하려는 자는 그 결과를 통지받은 날부터 90일 이내에 행정심판을 제기할 수 있다.

16 행정심판위원회 종류와 권한

1. 종류

1) 중앙행정심판위원회

국가행정기관, 특별시·광역시·특별자치시·특별자치도의 장 또는 의회, 운전면허처분

2) 해당 행정청 소속 행정심판위원회

감사원, 국가정보원장, 국회, 법원, 헌법재판소, 중앙선거관리위원회, 국가인권위원회

3) 직근 상급행정기관 소속 행정심판위원회

4) 광역지방자치단체장 소속 행정심판위원회

5) 제3기관

소청심사위원회, 조세심판원, 중앙토지수용위원회 등

2. 행정심판위원회의 권한

1) 심리권

2) 재결권

3) 집행정지결정권 및 집행정지취소결정권

4) 임시처분결정권 및 임시처분취소결정권

5) 직접처분권, 간접강제

6) 불합리한 법령 등의 시정조치 요구권

행정사 7회 기출

서울특별시 A구에 거주하는 甲은, 乙의 건축물(음식점 영업과 주거를 함께하는 건물)이 甲 소유의 주택과 도보에 연접하고 있는데 乙이 건축관계법령을 위반하여 증개축공사를 하였고, 그로 인하여 甲의 집 앞 도로의 통행에 심각한 불편을 초래한다고 주장하면서 A구청을 상대로 지속적으로 민원을 제기하였다. 자신의 민원이 받아들여지지 않자 甲은 자신의 주장의 정당성과 乙이 행한 건축행위의 위법성을 입증하기 위하여 A구청장을 상대로 乙소유 건축물의 설계도면과 준공검사내역 등의 문서를 공개해달라며 정보공개를 청구하였다. 그러나 A구청장을 해당 정보가 乙의 사생활 및 영업상 비밀보호와 관련된 것임을 이유로 비공개결정 하였다. 乙 또한 정보공개를 강력하게 반대하고 있다. 그러나 甲은 이에 불복하여 행정심판을 청구하려고 한다. 다음 물음에 답하시오.

물음 1) 甲이 청구하는 행정심판은 어느 행정심판위원회의 관할에 속하는가? 또한 이 행정심판에서 乙은 어떠한 지위에서 자신의 권익을 주장할 수 있는가? (20점)

| 모범답안 |

Ⅰ 관할

1. 행정심판위원회의 종류

해당 행정청 소속 행정심판위원회, 중앙행정심판위원회, 직근 상급기관 소속 행정심판위원회, 광역지방자치단체장 소속 행정심판위원회, 개별법상 특별행정기관 등이 있다.

2. 사안의 적용

甲은 A구청장의 비공개결정을 대상으로 행정심판을 청구하는 것이므로 광역지방자치단체장 소속 행정심판위원회인 서울특별시행정심판위원회가 심판을 관할한다.

Ⅱ 乙의 지위와 권한

1. 제3자의 심판 참가

행정심판의 결과에 법률상 이해관계가 있는 제3자 또는 행정청은 심판청구에 대한 위원회나 소위원회의 의결이 있기 전까지 이해관계인의 신청 또는 행정심판위원회의 직권에 의한 요청으로 그 사건에 참가할 수 있다.

2. 사안의 적용

乙은 심판청구에 대한 재결의 주문에 의하여 직접 자기의 법률상 이익을 침해받을 자에 해당하므로 심판 참가가 가능하다.

3. 乙의 지위

乙은 참가인으로서 행정심판 절차에서 당사자가 할 수 있는 심판절차상의 행위를 할 수 있다. 따라서 당사자가 위원회에 서류를 제출할 때에는 참가인의 수만큼 부본을 제출하여야 하고, 위원회가 당사자에게 통지를 하거나 서류를 송달할 때에는 참가인에게도 통지하거나 송달하여야 한다.

17 행정심판 청구절차

1. 심판청구서의 제출

행정심판을 청구하려는 자는 심판청구서를 작성하여 피청구인이나 위원회에 제출하여야 한다. 이 경우 피청구인의 수만큼 심판청구서 부본을 함께 제출하여야 한다.

2. 피청구인의 접수·처리

1) 피청구인이 심판청구서를 접수하거나 송부받으면 10일 이내에 심판청구서와 답변서를 위원회에 보내야 한다.

2) 피청구인은 처분의 상대방이 아닌 제3자가 심판청구를 한 경우에는 지체 없이 처분의 상대방에게 그 사실을 알려야 한다.

3. 피청구인의 직권취소등

심판청구서를 받은 피청구인은 그 심판청구가 이유 있다고 인정하면 심판청구의 취지에 따라 직권으로 처분을 취소·변경하거나 확인을 하거나 신청에 따른 처분을 할 수 있다.

4. 위원회의 심판청구서 등의 접수·처리

1) 위원회는 심판청구서를 받으면 지체 없이 피청구인에게 심판청구서 부본을 보내야 한다.

2) 위원회는 피청구인으로부터 답변서가 제출되면 답변서 부본을 청구인에게 송달하여야 한다.

18 조정

1. 대상

위원회는 당사자의 권리 및 권한의 범위에서 당사자의 동의를 받아 조정을 할 수 있다. 다만, 조정이 공공복리에 적합하지 아니하거나 해당 처분의 성질에 반하는 경우에는 그러하지 아니하다.

2. 절차

1) 개시

위원회는 결정으로써 조정을 개시한다. 위원회는 조정개시 결정을 당사자와 참가인에게 서면 또는 간이통지방법으로 알려야 한다.

2) 조정서 작성

조정은 당사자가 합의한 사항을 조정서에 기재한 후 당사자가 서명 또는 날인하고 위원회가 이를 확인함으로써 성립한다.

3) 송달

조정은 청구인에게 조정서가 송달되었을 때에 효력이 생긴다.

4) 심리기일 지정

위원회는 조정이 성립하지 아니한 경우에는 행정심판 절차의 진행을 위해 심리기일을 직권으로 지정한다.

3. 효과

1) 조정 역시 재결과 동일하게 기속력이 발생한다. 따라서 직접처분·간접강제가 가능하다.

2) 조정이 있으면 다시 행정심판을 청구할 수 없다.

19 심리

1. 범위

1) 불고불리의 원칙

심판이 청구된 처분이나 부작위 이외의 사항에 대해서는 심리하지 못한다.

2) 불이익변경금지의 원칙

심판청구의 대상인 처분보다 청구인에게 불이익하게 심리하지 못한다.

3) 법률문제, 재량문제, 사실문제

법률문제뿐만 아니라 당·부당의 재량문제나 사실문제도 심리한다.

2. 위법성 판단 시기

적극적 처분의 경우에 원칙적으로 처분시를 기준으로 위법 또는 부당 여부를 판단한다. 거부처분 또는 부작위의 경우에는 과거에 행하여진 거부처분이나 부작위를 계속 유지하는 것이 위법·부당한지 여부가 판단의 핵심이므로 재결시를 기준으로 위법 또는 부당 여부를 판단한다.

3. 청구의 변경

1) 사유

(1) 임의적 청구의 변경

청구인은 청구의 기초에 변경이 없는 범위에서 청구의 취지나 이유를 변경할 수 있다.

(2) 처분변경으로 인한 청구의 변경

행정심판이 청구된 후에 피청구인이 새로운 처분을 하거나 심판청구의 대상인 처분을 변경한 경우에는 청구인은 새로운 처분이나 변경된 처분에 맞추어 청구의 취지나 이유를 변경할 수 있다.

2) 효과

청구의 변경결정이 있으면 처음 행정심판이 청구되었을 때부터 변경된 청구의 취지나 이유로 행정심판이 청구된 것으로 본다.

20 처분사유 추가 · 변경

1. 개념

처분사유의 추가 · 변경이란 행정심판의 심리 중에 처분청이 처분 당시 근거로 삼았던 사유
와 다른 사유를 추가적으로 주장하거나 처분 근거 사유를 변경하는 것을 말한다.

2. 인정 여부

청구인의 권익보호를 위하여 원칙적으로 처분사유의 추가 · 변경을 허용하지 않는다. 다만,
판례는 처분의 근거로 삼은 사유와 기본적 사실관계의 동일성이 인정되는 범위 내에서 처분
사유의 추가 · 변경을 제한적으로 허용하고 있다.

3. 인정요건

1) 기본적 사실관계의 동일성이 유지되어야 한다.

기본적 사실관계의 동일성 유무는 처분사유를 법률적으로 평가하기 이전의 구체적인 사실에
착안하여 그 기초가 되는 사회적 사실관계가 기본적인 점에서 동일한지 여부에 따라 결정된다.
구체적 판단은 시간적 · 장소적 근접성, 행위의 태양, 결과 등의 제반사정을 종합적으로 고려
해야 한다.

2) 처분시에 존재하였던 사유이어야 한다.

추가 · 변경되는 사유는 처분 당시에 객관적으로 존재하고 있었던 사유여야 하므로 처분 후
에 발생한 사실관계나 법률관계는 제외된다.

3) 처분사유의 추가 · 변경은 재결 시까지 하여야 한다.

행정사 甲은 "행정사와 그 사무직원은 업무에 관하여 법률이 정한 보수 외에 어떠한 명목으로도 위임인으로부터 금전 또는 재산상의 이익이나 그 밖의 반대급부(反對給付)를 받지 못한다."라는 행정사법의 규정에 위반하는 행위를 하였다는 이유로 관할 행정청인 A시장으로부터 1개월 업무정지처분을 한다는 내용의 처분서를 2017. 5. 1. 송달받았다. 그에 따라 甲은 A시장으로부터 위 처분에 대한 행정심판 고지를 받지 못했다. 甲은 2017. 9. 8. 위 처분에 불복하여 행정심판위원회에 A시장의 업무정지처분의 취소를 구하는 행정심판을 제기하였다. 행정사법 시행규칙 [별표] 업무정지처분 기준에서는 제재처분의 횟수에 따라 제재가 가중되는 것으로 규정하고 있다. 다음 물음에 답하시오.

물음 2) 행정심판의 청구요건이 충족되었다고 가정할 경우, A시장은 행정심판 과정에서 처분 시 제지하지 않았던 '甲이 2개의 행정사 사무소를 설치·운영하였음'이라는 처분사유를 추가할 수 있는가? (10점)

| 모범답안 |

Ⅰ 처분사유의 추가의 인정 여부

청구인의 권익보호를 위하여 원칙적으로 처분사유의 추가를 허용하지 않는다. 다만, 판례는 처분의 근거로 삼은 사유와 기본적 사실관계의 동일성이 인정되는 범위 내에서 처분 시에 존재하였던 사유에 해당한다면 처분사유의 추가를 예외적으로 허용하고 있다.

Ⅱ 사안의 해결

사안의 경우 최초 처분사유와 추가사유는 전혀 별개의 사정으로서 기본적 사실관계의 동일성이 없다. 따라서 A시장은 甲이 2개의 행정사 사무소를 설치·운영하였음이라는 처분사유를 추가할 수 없다.

甲은 1988. 9. 1. A제철주식회사에 입사하여 발전시설에서 근무하다가 터빈 및 보일러 작동 소음에 장기간 노출되어 우측 청력에 중대한 장애가 발생하였다는 이유로 전보를 요청하였고, 2004. 3. 2. 시약생산과로 전보되어 근무하다가 2009. 2. 6. 퇴사하였다. 甲은 2009. 3. 6. 근로복지공단에 '우측 감각신경성 난청'에 대한 장애보상청구를 하였는데, 근로복지공단은 2009. 5. 9. 보험급여 청구를 3년간 행사하지 않아 장애보상청구권이 소멸하였다는 점을 사유 로 장애급여 부지급 결정을 甲에게 통보하였다. 甲은 이에 불복하여 근로복지공단에 대한 심사 청구를 거쳐 산업재해보상보험재심사위원회에 재심사청구를 하였다. 이에 근로복지공단은 甲 의 상병이 업무상 재해인 소음성 난청으로 보기 어렵다는 처분사유를 추가하였다. 다음 물음에 답하시오.

※ 당시 산업재해보상보험법령에 따르면 장해보상청구권은 치유일로부터 3년 이내에 행사하여야 하며, 그 치유 시기는 해당 근로자가 더 이상 직업성 난청이 유발될 수 있는 장소에서 업무를 하지 않게 되었을 때로 한다고 규정하고 있었다.

물음 2) 근로복지공단에 의한 처분사유의 추가가 허용될 수 있는지를 검토하시오. (20점)

| 모범답안 |

Ⅰ 개념

처분사유의 추가·변경이란 행정심판의 심리 중에 처분청이 처분 당시 근거로 삼았던 사유와 다른 사유를 추가적으로 주장하거나 처분 근거 사유를 변경하는 것을 말한다.

Ⅱ 인정 여부

청구인의 권익보호를 위하여 원칙적으로 처분사유의 추가·변경을 허용하지 않는다. 다만, 판례는 처분의 근거로 삼은 사유와 기본적 사실관계의 동일성이 인정되는 범위 내에서 처분사유의 추가·변경을 제한적으로 허용하고 있다.

Ⅲ 인정요건

1. **기본적 사실관계의 동일성이 유지되어야 한다.**

   기본적 사실관계의 동일성 유무는 처분사유를 법률적으로 평가하기 이전의 구체적인 사실에 착안하여 그 기초가 되는 사회적 사실관계가 기본적인 점에서 동일한지 여부에 따라 결정된다. 구체적 판단은 시간적·장소적 근접성, 행위의 태양, 결과 등의 제반사정을 종합적으로 고려해야 한다.

2. **처분시에 존재하였던 사유이어야 한다.**

   추가·변경되는 사유는 처분 당시에 객관적으로 존재하고 있었던 사유여야 하므로 처분 후에 발생한 사실관계나 법률관계는 제외된다.

3. **처분사유의 추가·변경은 재결 시까지 하여야 한다.**

Ⅳ 사안의 경우

이의신청 절차는 내부시정절차인 관계로 기본적 사실관계의 동일성 여부와 상관없이 처분의 적법성과 합목적성을 뒷받침하는 사유를 추가할 수 있으나, 본 사안의 경우 근로복지공단은 재심사청구 즉 행정심판 단계에서 사유를 추가하였으므로 그 사유의 기본적 사실관계의 동일성 여부가 인정되어야 추가가 가능하다. 장애보상청구권의 소멸과 甲의 상병이 업무상 재해인 소음성 난청으로 보기 어렵다는 사유는 전혀 별개의 사정으로서 기본적 사실관계의 동일성이 없다고 보아야 한다. 따라서 행정청은 처분사유를 추가할 수 없다.

21 행정법 일반원칙

1. 비례의 원칙

1) 의의 및 근거

행정목적과 이를 실현하는 수단 사이에는 합리적인 비례관계가 있어야 한다. 행정기본법 제10조를 근거로 한다.

2) 내용

(1) 적합성의 원칙

행정작용은 행정목적을 달성하는 데 유효하고 적절하여야 한다.

(2) 필요성의 원칙

행정작용은 행정목적을 달성하는 데 필요한 최소한도에 그쳐야 한다.

(3) 상당성의 원칙

행정작용으로 인한 국민의 이익 침해가 그 행정작용이 의도하는 공익보다 크지 아니하여야 한다.

2. 부당결부금지의 원칙

1) 의의 및 근거

행정청은 행정작용을 할 때 상대방에게 해당 행정작용과 실질적인 관련이 없는 의무를 부과해서는 아니 된다. 행정기본법 제13조를 근거로 한다.

2) 요건

① 행정기관의 공권력 행사에 해당하며, ② 권한행사는 상대방의 반대급부와 결부되어 있어야 한다. 그리고 ③ 공권력 행사와 반대급부 사이에 실체적 관련성이 존재하지 않아야 한다.

3. 자기구속의 원칙

1) 의의 및 근거

재량행위의 영역에서 행정청은 같은 사안에서 이미 제3자에게 행한 결정과 같은 결정을 상대방에게 하여야 한다. 평등의 원칙이나 신뢰보호의 원칙에서 그 근거가 도출된다.

2) 요건

① 재량영역에서의 행정작용일 것, ② 동일 행정청이 동종 사안에 대하여 재량준칙을 적용할 것, ③ 선례가 존재할 것, ④ 행정관행이 적법할 것이 요구된다.

4. 신뢰보호의 원칙

1) 의의 및 근거

행정청은 공익 또는 제3자의 이익을 현저히 해칠 우려가 있는 경우를 제외하고는 행정에 대한 국민의 정당하고 합리적인 신뢰를 보호하여야 한다. 행정기본법 제12조를 근거로 한다.

2) 요건

(1) 행정청의 개인에 대한 공적 견해표명(선행행위)

(2) 공적 견해표명에 대한 개인의 보호가치 있는 신뢰

(3) 신뢰와 인과관계가 있는 개인의 행위

(4) 공적 견해표명에 반하는 행정청의 후행처분

(5) 공익 또는 제3자의 정당한 이익을 현저히 해할 우려가 있는 경우가 아니어야 한다.

甲은 운전면허취소사유에 해당하는 혈중알콜농도 0.15%인 상태로 운전하다가 경찰관 乙에게 적발되었다. 乙은 운전면허취소권자인 관할 지방경찰청장에게 甲에 대한 운전면허취소의 행정 처분을 의뢰하였다. 한편 乙과 함께 근무하는 순경의 전산입력 착오로 甲은 운전면허정지 대상 자로 분류되어 관할 경찰서장은 2014. 7. 20. 운전면허정지처분을 하였고, 甲은 운전면허증을 반납하였다. 이후 乙의 의뢰를 받은 관할 지방경찰청장은 2014. 8. 27. 甲의 운전면허를 취소하 는 처분을 하였다.

甲은 운전면허취소처분의 취소를 구하는 행정심판을 청구하면서 자신은 운전면허정지처분을 신뢰하였으며, 그 신뢰는 보호되어야 한다고 주장한다. 甲의 청구가 인용될 수 있는지에 대하여 논하시오. (40점)

| 모범답안 |

Ⅰ 문제의 소재

甲의 청구가 인용되기 위해서는 행정심판청구가 청구요건을 충족하고 있어야 하고, 청구인이 주장이 타 당하여야 한다. 따라서 심판청구가 청구의 적법 여부와 청구인 甲이 당해 처분을 신뢰하였다는 점에서 신뢰보호의 원칙에 대한 검토가 필요하다.

Ⅱ 청구의 적법 여부

1. 행정심판 청구요건

행정심판청구가 적법하기 위해서는 다른 법률에 특별한 규정이 없을 것, 행정심판의 대상으로서 처분 이나 부작위에 대한 청구일 것, 청구인적격이 있을 것, 심판청구의 현실적 필요성이 있을 것, 피청구인 을 상대로 청구기간 내의 청구일 것, 재심판청구가 아닐 것 등이 요구된다.

2. 청구인적격

취소심판의 청구는 처분의 취소 또는 변경을 구할 법률상 이익이 있는 자가 제기할 수 있다. 사안의 경우 甲은 침익적 처분의 직접 상대방으로 도로교통법상 처분의 취소를 구할 법률상 이익이 있다.

3. 대상적격

행정심판은 처분 또는 부작위를 대상으로 한다. 처분이란 행정청이 행하는 구체적 사실에 관한 법집행 으로서의 공권력의 행사 또는 그 거부, 그 밖에 이에 준하는 행정작용을 말한다.

사안에서 운전면허가 취소되면 운전을 할 권리가 소멸한다는 점에서 甲의 권리의무에 영향을 미치므 로 처분에 해당한다.

4. 피청구인적격

피청구인적격을 가지는 자는 처분 등을 행한 행정청, 즉 처분청이 됨이 원칙이다. 이때 처분청이란 국 가 또는 공공단체의 의사를 결정하여 외부적으로 표시할 수 있는 기관을 말한다.

사안의 경우 운전면허취소처분은 관할 지방경찰청장의 명의로 한 것이므로 관할 지방경찰청장을 상대 로 행정심판을 제기해야 한다.

5. 사안의 적용

甲은 처분의 직접 상대방으로 처분의 취소를 구할 법률상 이익이 있고, 운전면허취소처분은 甲의 권리 의무에 영향을 미치므로 처분에 해당함에 의문이 없다는 점에서 운전면허취소처분을 한 관할 지방경 찰청장을 상대로 제기하였다면 행정심판은 적법하다.

Ⅲ 신뢰보호의 원칙

1. 의의 및 근거

행정청은 공익 또는 제3자의 이익을 현저히 해칠 우려가 있는 경우를 제외하고는 행정에 대한 국민의 정당하고 합리적인 신뢰를 보호하여야 한다. 행정기본법 제12조를 근거로 한다.

2. 신뢰보호의 원칙의 성립요건

(1) 행정청의 개인에 대한 공적 견해표명

(2) 공적 견해표명에 대한 개인의 보호가치 있는 신뢰

(3) 신뢰로 인한 개인의 행위

(4) 공적 견해표명에 반하는 행정청의 처분

(5) 그 견해표명에 따른 처분을 할 경우 이로 인하여 공익 또는 제3자의 정당한 이익을 현저히 해할 우려 가 있는 경우가 아니어야 한다.

3. 사안의 적용

행정청의 공적 견해표명은 행정조직법상의 형식적인 권한분장에 구애될 것이 아니라 상대방의 신뢰가 능성에 비추어 실질에 의해서 판단되어야 한다. 따라서 사안에서 관할 경찰서장의 운전면허정지처분 은 선행조치에 해당한다. 또한 甲은 그 면허정지처분이 효력을 발생함으로써 그 처분의 존속에 대한 신뢰가 이미 형성되었다 할 것이고, 동일한 사유에 관하여 보다 무거운 면허취소처분을 하기 위하여 이미 행하여진 가벼운 면허정지처분을 취소하는 것은 선행처분에 대한 당사자의 신뢰를 침해한다. 따 라서 관할 지방경찰청장이 행한 운전면허취소처분이 신뢰에 반하여 위법하다는 甲의 주장은 타당하다.

Ⅳ 사안의 해결

처분의 직접 상대방인 甲이 관할 지방경찰청장의 운전면허취소처분을 상대로 행정심판을 제기한 점에서 청구요건을 갖추었고 甲이 운전면허정지처분에 대한 정당한 신뢰를 하였음에도 이에 반하여 관할 지방경 찰청장이 운전면허취소처분을 한 것은 신뢰보호의 원칙에 반하여 위법하다. 따라서 甲의 청구는 인용되 어야 한다.

22 가구제 – 집행정지

1. 의의

처분의 집행 등으로 인하여 중대한 손해가 생길 경우에, 당사자의 권리·이익을 보전하기 위하여 위원회가 처분의 효력이나 그 집행 또는 절차의 속행의 전부 또는 일부를 잠정적으로 정지하는 제도이다.

2. 적극적 요건

1) 집행정지의 대상인 처분이 존재하여야 한다.

2) 심판청구가 계속되어 있어야 한다.

3) 중대한 손해가 생길 우려가 있어야 한다.

4) 긴급한 필요의 존재가 있어야 한다.

3. 소극적 요건

1) 공공복리에 중대한 영향을 미칠 우려가 없어야 한다.

2) 본안청구의 이유 없음이 명백하지 않아야 한다.

4. 집행정지결정의 내용

1) 처분의 효력, 집행, 절차속행의 전부 또는 일부 정지

집행정지결정은 처분의 효력이나 그 집행, 절차의 속행의 전부 또는 그 일부를 정지함을 내용으로 한다.

2) 처분의 효력정지가 허용되지 않는 경우

처분의 효력정지는 처분의 집행 또는 절차의 속행을 정지함으로써 목적을 달성할 수 있는 경우에는 허용되지 아니한다.

5. 거부처분에 대한 집행정지 가능 여부

거부처분의 경우 처분의 효력, 처분의 집행 또는 절차 속행의 전부 또는 일부의 정지를 잠정적으로 결정한다고 하여 신청이 인정되는 것이 아니며 단지 거부처분이 없는 상태로 돌아가는 것에 불과하다는 점에서 집행정지의 실효성이 없다. 또한 행정심판법의 경우 임시처분이라는 집행정지의 보충적 제도가 존재한다. 따라서 거부처분은 집행정지의 대상이 아니라고 보는 것이 타당하다.

23 가구제 - 임시처분

1. 개념

임시처분이란 처분 또는 부작위 때문에 당사자가 받을 우려가 있는 중대한 불이익이나 당사자에게 생길 급박한 위험을 막기 위하여 임시지위를 정해야 할 필요가 있는 경우 행정심판위원회가 발하는 가구제 수단을 말한다.

2. 취지

집행정지제도는 소극적인 현상유지적 기능만 있어 잠정적 권리구제 수단으로써 한계가 있다. 이에 임시처분제도를 도입하여 청구인의 권리를 더욱 두텁게 보호하려는 데 그 취지가 있다.

3. 요건

1) 심판청구가 계속되어 있어야 한다.

2) 처분 또는 부작위가 위법·부당하다고 상당히 의심되는 경우이어야 한다.

3) 당사자에게 중대한 불이익이나 급박한 위험이 생길 우려가 있어야 한다.

4) 공공복리에 중대한 영향을 미칠 우려가 없어야 한다.

4. 집행정지와의 관계(임시처분의 보충성)

임시처분은 집행정지로 목적을 달성할 수 있는 경우에는 허용되지 않는다.

甲은 A행정청이 시행한 국가공무원시험의 1차 객관식시험에 응시하였으나 불합격(이하 '처분'
이라 함)하였다. 이 시험은 1차 객관식시험, 2차 주관식시험과 3차 면접시험으로 구성되고, 3차
면접시험에 합격한 경우에 최종합격자가 된다. 또한 3차 면접시험에 응시하기 위해서는 2차 주
관식시험에, 2차 주관식시험에 응시하기 위해서는 1차 객관식시험에 각각 합격하여야 한다.
甲은 위 처분에 대하여 행정심판을 청구하였으나, 관할 행정심판위원회가 2차 주관식시험 시행
전까지 재결하지 않을 것에 대비하여 법적 수단을 강구하고자 한다. 甲이 재결 전이라도 2차
주관식시험에 응시하기 위하여 취할 수 있는 행정심판법상 구제 수단에는 어떠한 것이 있는지
논하시오. (40점)

| 모범답안 |

I 문제의 소재

甲이 국가공무원시험의 1차 객관식시험 불합격 처분에 대해 행정심판을 청구하면서 재결 전이라도 2차
주관식시험에 응시하기 위한 행정심판법상 구제 수단으로 집행정지와 임시처분을 고려해 볼 수 있다.

II 집행정지

1. 의의

처분의 집행 등으로 인하여 중대한 손해가 생길 경우에, 당사자의 권리·이익을 보전하기 위하여 위원
회가 처분의 효력이나 그 집행 또는 절차의 속행의 전부 또는 일부를 잠정적으로 정지하는 제도이다.

2. 적극적 요건

(1) 집행정지의 대상인 처분이 존재하여야 한다.

(2) 심판청구가 계속되고 있어야 한다.

(3) 중대한 손해가 생길 우려가 있어야 한다.

(4) 긴급한 필요가 있어야 한다.

3. 소극적 요건

(1) 공공복리에 중대한 영향을 미칠 우려가 없어야 한다.

(2) 본안청구의 이유 없음이 명백하지 않아야 한다.

4. 집행정지결정의 내용

(1) 처분의 효력, 집행, 절차속행의 전부 또는 일부 정지
집행정지결정은 처분의 효력이나 그 집행, 절차의 속행의 전부 또는 그 일부를 정지함을 내용으로
한다.

(2) 처분의 효력정지가 허용되지 않는 경우
처분의 효력정지는 처분의 집행 또는 절차의 속행을 정지함으로써 목적을 달성할 수 있는 경우에는
허용되지 아니한다.

5. 거부처분에 대한 집행정지 가능 여부

거부처분의 경우 처분의 효력, 처분의 집행 또는 절차 속행의 전부 또는 일부의 정지를 잠정적으로 결정한다고 하여 신청이 인정되는 것이 아니며 단지 거부처분이 없는 상태로 돌아가는 것에 불과하다는 점에서 집행정지의 실효성이 없다. 또한 행정심판법의 경우 임시처분이라는 집행정지의 보충적 제도가 존재한다. 따라서 거부처분은 집행정지의 대상이 아니라고 보는 것이 타당하다.

Ⅲ 임시처분

1. 개념

임시처분이란 처분 또는 부작위 때문에 당사자가 받을 우려가 있는 중대한 불이익이나 당사자에게 생길 급박한 위험을 막기 위하여 임시지위를 정해야 할 필요가 있는 경우 행정심판위원회가 발하는 가구제 수단을 말한다.

2. 취지

집행정지제도는 소극적인 현상유지적 기능만 있어 잠정적 권리구제 수단으로써 한계가 있다. 이에 임시처분제도를 도입하여 청구인의 권리를 더욱 두텁게 보호하려는 데 그 취지가 있다.

3. 요건

(1) 심판청구가 계속되고 있어야 한다.

(2) 처분 또는 부작위가 위법·부당하다고 상당히 의심되는 경우이어야 한다.

(3) 당사자에게 중대한 불이익이나 급박한 위험이 생길 우려가 있어야 한다.

(4) 공공복리에 중대한 영향을 미칠 우려가 없어야 한다.

4. 집행정지와의 관계(임시처분의 보충성)

임시처분은 집행정지로 목적을 달성할 수 있는 경우에는 허용되지 않는다.

Ⅳ 사안의 해결

본 사안의 처분은 거부처분에 해당하므로 일단 집행정지의 대상은 아니다.

그런데 甲은 적법하게 행정심판을 제기하였고, 시험에 응시하지 못할 경우 중대한 불이익이 예상되며, 시험 전까지 재결이 내려질 가능성이 적어 급박한 위험도 존재한다. 다만, 처분이 위법하다는 상당한 의심이 존재해야 하나 사안의 경우에 명백하지 않다. 따라서 처분이 위법하다는 상당한 의심이 존재한다면 위원회는 甲이 시험에 응시할 수 있도록 임시처분을 결정하여야 할 것이다.

A시의 공공주택난을 해소하기 위한 청년대상 공공아파트 1개동을 건설하기 위하여 甲은 시장 乙에게 주택건설사업계획승인신청을 하였다. 이 신청에 대하여 乙은 관계 법령에 따라 아파트 건설이 가능하다고 구술로 답을 하였다. 그러나 乙의 임기 만료 후에 새로 취임한 시장 丙은 공공아파트 신축 예정지역 인근에 시 지정 공원이 있어 아파트 건설로 A시의 환경, 미관 등이 손상될 우려가 있다는 이유로, 주택건설사업계획승인신청을 반려하는 처분(이하 '이 사건의 반려처분'이라 한다)을 하였다. 甲은 이에 불복하여 이사건의 반려처분의 취소를 구하는 행정심판청구 및 집행정지신청(이하 '이 사건 취소심판'이라 한다)을 하였다. 다음 물음에 답하시오.

물음 1) 이 사건 취소심판에서 집행정지의 인용 여부를 검토하시오. (20점)

| 모범답안 |

Ⅰ 집행정지의 의의

집행정지란 그 처분의 집행 등으로 인하여 중대한 손해가 생길 경우에, 당사자의 권리·이익을 보전하기 위하여 위원회가 처분의 효력이나 그 집행 또는 절차의 속행의 전부 또는 일부를 잠정적으로 정지하는 제도를 말한다.

Ⅱ 집행정지결정의 요건

1. 적극적 요건

(1) 집행정지의 대상인 처분이 존재하여야 한다.

(2) 심판청구가 계속되고 있어야 한다.

(3) 중대한 손해가 생길 우려가 있어야 한다.

(4) 긴급한 필요의 존재가 있어야 한다.

2. 소극적 요건

(1) 공공복리에 중대한 영향을 미칠 우려가 없어야 한다.

(2) 본안청구의 이유 없음이 명백하지 않아야 한다.

Ⅲ 거부처분에 대한 집행정지 인정 여부

거부처분의 경우 처분의 효력, 처분의 집행 또는 절차 속행의 전부 또는 일부의 정지를 잠정적으로 결정한다고 하여 신청이 인정되는 것이 아니며 단지 거부처분이 없는 상태로 돌아가는 것에 불과하다는 점에서 집행정지의 실효성이 없다. 또한 행정심판법의 경우 임시처분이라는 집행정지의 보충적 제도가 존재한다. 따라서 거부처분은 집행정지의 대상이 아니라고 보는 것이 타당하다.

Ⅳ 사안의 적용

본 사안의 경우 반려처분에 대한 집행정지를 인정하더라도 甲은 시장 乙에게 주택건설사업계획승인을 신청한 상태가 지속될 뿐 甲의 권리 보호에 어떠한 실익도 발생하지 않는다.
따라서 이사건 취소심판에서 집행정지는 인용되지 않는다.

24 취소심판의 재결

1. 각하재결

심판청구의 요건심리의 결과 그 제기요건이 갖추어져 있지 않아 적법하지 않은 청구라는 이유로 본안심리를 거부하는 행정심판위원회의 판단을 말한다.

2. 기각재결

1) 협의의 기각재결

본안심리를 한 후 청구인이 신청한 내용을 받아들이지 않고 행정청이 했던 원래의 처분을 그대로 유지시키기로 하는 행정심판위원회의 판단이다.

2) 사정재결

심리의 결과 심판청구가 이유 있다고 인정하는 경우에도 공공복리에 크게 위배된다는 이유로 심판청구를 기각하는 재결을 의미한다.

3. 인용재결

1) 의의

인용재결은 본안심리의 결과 심판청구가 이유 있다고 판단하여 청구인의 청구 취지를 받아들이는 재결을 말한다.

2) 종류

취소심판의 청구가 이유가 있다고 인정할 때에는 행정심판위원회는 그 심판청구를 인용하는 재결로써 심판청구의 대상이 된 처분을 직접 취소·변경하거나 처분청에게 변경을 명할 수 있다. 이 때 취소재결은 전부취소와 일부취소를 모두 포함하며, 변경재결은 원처분에 갈음하는 다른 처분으로의 적극적 의미의 변경을 의미한다.

행정사 8회 기출

甲은 관할 행정청인 A시장에게 노래연습장업의 등록을 하고 그 영업을 영위해 오고 있다. 甲은 2020. 3. 5. 23:30경 영업장소에 청소년을 출입시켜 주류를 판매·제공하였다는 이유로 단속에 적발되었다. A시장은 사전통지 절차를 거친 후 2020. 4. 8. 甲에 대한 3개월의 영업정지 처분의 통지서를 송달하였고, 甲은 다음날 처분 통지서를 수령하였다. 통지서에는 "처분이 있음을 안 날부터 120일 이내에 B행정심판위원회에 행정심판을 제기할 수 있다"고 청구기간이 잘못 기재되어 있었다. 甲은 해당 처분이 자신의 위반행위에 비하여 과중한 제재처분이라고 주장하면서 A시장을 피청구인으로 하여 B행정심판위원회에 2020. 8. 3. 취소심판을 제기하였다. 다음 물음에 답하시오.

물음 2) B행정심판위원회가 A시장의 영업정지 처분이 비례원칙에 위반하여 위법하다고 판단하는 경우 어떤 종류의 재결을 할 수 있는지 논하시오. (단, 취소심판의 청구요건을 모두 갖추었다고 가정한다.) (20점)

| 모범답안 |

Ⅰ 논점의 정리

甲이 제기한 취소심판의 재결의 종류를 알아보고 본 사안의 경우 가능한 재결의 종류를 살펴본다.

Ⅱ 취소심판의 재결

1. 각하재결

심판청구의 요건심리의 결과 그 제기요건이 갖추어져 있지 않아 적법하지 않은 청구라는 이유로 본안심리를 거부하는 행정심판위원회의 판단을 말한다.

2. 기각재결

본안심리를 한 후 청구인이 신청한 내용을 받아들이지 않고 행정청이 했던 원래의 처분을 그대로 유지시키기로 하는 행정심판위원회의 판단이다.

3. 사정재결

심리의 결과 심판청구가 이유 있다고 인정하는 경우에도 공공복리에 크게 위배된다는 이유로 심판청구를 기각하는 재결을 의미한다.

4. 인용재결

(1) 의의

인용재결은 본안심리의 결과 심판청구가 이유 있다고 판단하여 청구인의 청구 취지를 받아들이는 재결을 말한다.

(2) 종류

취소심판의 청구가 이유가 있다고 인정할 때에는 행정심판위원회는 그 심판청구를 인용하는 재결로써 심판청구의 대상이 된 처분을 직접 취소·변경하거나 처분청에게 변경을 명할 수 있다. 이때 취소재결은 전부취소와 일부취소를 모두 포함하며, 변경재결은 원처분에 갈음하는 다른 처분으로의 적극적 의미의 변경을 의미한다.

Ⅲ 사안의 해결

행정심판위원회가 A시장의 영업정지 처분이 비례원칙의 위반으로 위법하다고 판단하는 경우 인용재결을 내려야 한다. 따라서 행정심판위원회는 전부취소재결 또는 일부취소재결을 할 수 있다.

01

25 사정재결

1. 의의

심판청구가 이유 있다고 인정하는 경우에도 인용하는 것이 공공복리에 크게 위배된다고 인정할 때에는 그 심판청구를 기각하는 재결을 의미한다.

2. 적용범위

취소심판 및 의무이행심판에만 인정되고, 무효등확인심판은 인정되지 않는다.

3. 요건

1) 실질적 요건

사정재결은 심판청구를 인용하는 것이 공공복리에 크게 위배된다고 인정하는 때에 한하여 행해질 수 있다.

2) 형식적 요건

행정심판위원회는 그 재결의 주문에서 그 처분 또는 부작위가 위법 또는 부당함을 명시하여야 한다.

4. 구제방법

행정심판위원회는 사정재결을 함에 있어서, 직접 청구인에 대하여 상당한 구제방법을 취하거나 피청구인에게 상당한 구제방법을 취할 것을 명할 수 있다.

행정사 1회 기출

도시개발사업의 시행자인 A는 개발 구역 내 토지가격을 평가함에 있어 반드시 거쳐야 하는 절차인 토지평가협의회의 심의를 거치지 아니하고 토지가격을 평가하였고, 관할 행정청은 이에 근거하여 환지예정지 지정처분을 내렸다. 처분을 받은 甲은 절차상 하자를 이유로 처분의 취소를 구하는 행정심판을 청구하고자 한다.

그런데 이 처분의 기초가 된 가격평가의 내용은 적정하였을 뿐만 아니라 환지예정지 지정처분을 받은 이해관계인들 중 甲을 제외하고는 아무도 이에 불복하지 않고 있다. 또한 만약 이 처분이 취소될 경우 다른 이해관계인들에 대한 환지예정지 지정처분까지도 변경되어 사실관계가 매우 복잡해짐으로써 사회적 혼란이 발생할 수 있게 된다.

甲의 청구가 인용될 수 있는지에 관하여 논하시오. (40점)

| 모범답안 |

I 문제의 소재

甲의 청구가 인용되기 위해서는 甲의 신청이 청구의 적법요건을 갖추고 甲의 주장이 이유 있을 것이 요구된다. 청구의 적법요건과 절차상 하자의 위법성 여부, 그리고 위 처분이 사정재결의 대상이 되는지에 대해서 검토해야 한다.

II 청구의 적법요건

행정심판청구가 적법하기 위해서는 다른 법률에 특별한 규정이 없을 것, 행정심판의 대상으로서 처분이나 부작위에 대한 청구일 것, 청구인적격이 있을 것, 심판청구의 현실적 필요성이 있을 것, 피청구인을 상대로 청구기간 내의 청구일 것, 재심판청구가 아닐 것 등이 요구된다. 사안의 경우 도시개발사업자 A의 가격평가에 따라 관할 행정청의 환지예정지 지정처분이 행해지면 토지소유자의 권리의무에 영향을 미친다는 점에서 행정심판의 청구는 적법하다.

III 처분의 위법성 여부

1. 문제점

사안의 처분은 토지평가협의회의 심의를 거치지 않은 절차상 하자가 존재한다. 이러한 절차상 하자만으로 독자적 위법사유를 인정할 수 있는지와 인정한다면 위법성의 정도에 대한 검토가 필요하다.

2. 절차상 하자

행정절차법은 강행규정인 점, 그리고 신청에 따른 처분이 절차의 위법을 이유로 취소된 경우에도 기속력이 준용된다는 점에서 절차상 하자만으로 독자적 위법사유를 인정하는 것이 타당하다.

사안에서 가격이 적정했다고 하더라도 도시개발사업자의 시행자인 A가 토지평가협의회의 심의를 거치지 아니하고 가격결정은 절차상 하자가 존재하여 위법하며, 그 위법성의 정도는 중대·명백설에 따라 취소사유에 해당한다.

Ⅳ 사정재결

1. 의의
심판청구가 이유 있다고 인정하는 경우에도 인용하는 것이 공공복리에 크게 위배된다고 인정할 때에는 그 심판청구를 기각하는 재결을 의미한다.

2. 적용범위
취소심판 및 의무이행심판에만 인정되고, 무효등확인심판은 인정되지 않는다.

3. 요건

(1) **실질적 요건**

사정재결은 심판청구를 인용하는 것이 공공복리에 크게 위배된다고 인정하는 때에 한하여 행해질 수 있다.

(2) **형식적 요건**

행정심판위원회는 그 재결의 주문에서 그 처분 또는 부작위가 위법 또는 부당함을 명시하여야 한다.

4. 구제방법
행정심판위원회는 사정재결을 함에 있어서, 직접 청구인에 대하여 상당한 구제방법을 취하거나 피청구인에게 상당한 구제방법을 취할 것을 명할 수 있다.

5. 사안의 경우
새로운 환지예정지를 지정하기 위하여 환지계획을 변경할 경우 기존의 처분으로 이미 사실관계를 형성한 다수의 다른 이해관계인들에 대한 환지예정지 지정처분까지도 변경되어 사회적 혼란이 생길 수도 있는 반면, 기존의 처분의 기초가 되는 가격평가의 내용이 적정하였다는 점에서 청구인 甲은 현실적으로 손해를 입었다고 볼 만한 사정도 보이지 않는다. 따라서 처분이 절차상 하자가 있다는 사유만으로 이를 취소하는 것은 현저히 공공복리에 적합하지 아니하므로 사정재결을 하는 것이 타당하다.

Ⅴ 사안의 해결

甲의 행정심판 청구는 적법하고, 토지평가협의회의 심의를 거치지 않은 절차상 하자가 존재한다는 점에서 그 주장도 타당하다. 그러나 이러한 절차상 하자를 이유로 처분을 취소하는 경우 기존의 권리나 사실관계가 소급적으로 무효화되어 공공복리에 중대한 영향을 미친다는 점에서 甲의 청구를 기각하는 사정재결이 타당하다.

26 기속력

1. 의의

인용재결시 재결의 취지에 따르도록 구속하는 효력을 말한다.

2. 기속력의 내용

1) 반복금지의무(소극적 의무)

동일한 상황 하에서 동일한 처분을 반복할 수는 없다.

2) 재처분의무(적극적 의무)

행정청은 지체 없이 그 재결의 취지에 따른 처분을 하여야 한다.

3) 결과제거의무

위법 또는 부당으로 판정된 처분에 의하여 초래된 상태를 제거해야 할 원상회복의무가 있다.

3. 기속력의 범위

1) 주관적 범위

기속력은 피청구인인 행정청과 그 밖의 관계 행정청에 미친다.

2) 객관적 범위

① 내용상 위법

기속력은 재결의 주문 및 그 전제가 된 요건 사실의 인정과 판단에만 미친다. 따라서 재결에 의하여 취소된 처분과 다른 사유로 처분을 하는 것은 기속력에 저촉되지 않는다. 동일 사유인지 다른 사유인지는 재결에서 판단된 사유와 기본적 사실관계의 동일성이 인정되는지 여부에 따라 판단한다.

② 절차나 형식의 위법

　　행정청이 재결에 의해 적시된 절차나 형식의 위법사유를 보완한 경우에는 다시 동일한 내용의 처분을 하더라도 기속력에 반하지 않는다.

3) 시간적 범위

기속력은 처분 당시를 기준으로 그 당시까지 존재하였던 처분사유에만 미치고 그 이후에 생긴 사유에는 미치지 않는다.

4. 기속력 위반의 효력

기속력을 위반한 처분은 무효이다.

　　A시는 영농상 편의를 위해 甲의 토지와 인근 토지에 걸쳐서 이미 형성되어 사용되고 있던 자연발생적 토사구거를 철거하고, 콘크리트 U형 수로관으로 된 구거를 설치하는 공사를 완료하였다. 甲은 A시의 공사가 자신의 토지 약 75㎡를 침해하였다는 사실을 발견하게 되었다. 이에 甲은 A시에 자신의 토지 약 75㎡에 설치되어 있는 구거를 철거하고 자신의 토지 외의 지역에 새로 구거를 설치해달라는 민원을 제기하였다. 다음 물음에 답하시오.

물음 1) 甲이 제기한 민원에 대해 A시는 甲이 실제로 해당 구거에 의하여 상당한 영농상의 이득을 향유하고 있으며 구거를 새로 설치하려면 많은 예산이 소요된다는 이유로 甲의 청구를 거부하는 처분을 하였다. 만약 甲이 A시의 거부처분에 대한 취소심판을 제기하여 인용재결을 받았다면, A시는 전혀 다른 사유를 들어 甲의 청구에 대하여 다시 거부처분을 할 수 있는지를 논하시오. (20점)

| 모범답안 |

Ⅰ 문제의 소재

甲이 A시의 거부처분에 대한 행정심판에서 인용재결을 받았음에도 A시가 다시 거부하였다면 이 거부처분이 기속력에 위반되는 것은 아닌지에 대하여 검토해 보아야 한다.

Ⅱ 기속력

1. 의의

인용재결시 재결의 취지에 따르도록 구속하는 효력을 말한다.

2. 기속력의 내용

(1) 반복금지의무(소극적 의무)
동일한 상황하에서 동일한 처분을 반복할 수는 없다.

(2) 재처분의무(적극적 의무)
행정청은 지체 없이 그 재결의 취지에 따른 처분을 하여야 한다.

(3) 결과제거의무
위법 또는 부당으로 판정된 처분에 의하여 초래된 상태를 제거해야 할 원상회복의무가 있다.

3. 기속력의 범위

(1) 주관적 범위
기속력은 피청구인인 행정청과 그 밖의 관계 행정청에 미친다.

(2) 객관적 범위
기속력은 재결의 주문 및 그 전제가 된 요건 사실의 인정과 판단에만 미친다. 따라서 재결에 의하여
취소된 처분과 다른 사유로 처분을 하는 것은 기속력에 저촉되지 않는다.
동일 사유인지 다른 사유인지는 재결에서 판단된 사유와 기본적 사실관계의 동일성이 인정되는지
여부에 따라 판단한다.

(3) 시간적 범위
기속력은 처분 당시를 기준으로 그 당시까지 존재하였던 처분사유에만 미치고 그 이후에 생긴 사유
에는 미치지 않는다.

4. 기속력 위반의 효력
기속력을 위반한 처분은 무효이다.

Ⅲ 사안의 해결

당사자의 신청을 거부한 처분에 대하여 인용재결이 있는 경우에는 행정청은 지체 없이 그 재결의 취지에
따라 다시 이전의 신청에 대한 처분을 하여야 한다.
A시가 재차 내린 거부처분은 최초 거부처분과 기본적 사실관계의 동일성이 없는 전혀 다른 거부사유를
들어 거부하였으므로 기속력의 범위에 위반하지 않는 적법한 처분이다.

행정사 10회 기출

甲은 '사실상의 도로'로서 인근 주민들의 통행로로 이용되고 있는 토지(이하 '이 사건의 토지'라
한다)를 매수한 다음 관할 구청장 乙에게 그 지상에 주택을 신축하겠다는 내용의 건축허가를
신청하였으나, 乙은 '위 토지가 건축법상 도로에 해당하여 건축을 허용할 수 없다'는 사유로 건
축허가를 거부하였다. 다음 물음에 답하시오.

물음 2) 이 사건의 토지는 건축법상 도로에 해당하지 않는다는 이유로 행정심판위원회가 甲의
취소심판청구를 인용하는 재결을 하자 乙은 '이 사건의 토지는 인근 주민들의 통행에 제공된
사실상의 도로인데 그 지상에 주택을 건축하여 주민들의 통행을 막는 것은 사회공동체와 인근
주민들의 이익에 반하므로, 甲이 신청한 주택 건축을 허용할 수 없다'는 이유로 다시 건축허가
를 거부하였다. 위 재결에도 불구하고 乙이 다시 건축허가를 거부한 것은 적법한가? (20점)

| 모범답안 |

Ⅰ 문제의 소재

거부처분에 대한 행정심판에서 인용재결을 받았음에도 乙이 다시 허가를 거부하였다면 이는 기속력 위반 여부에 대하여 검토해 보아야 한다.

Ⅱ 의의

인용재결시 재결의 취지에 따르도록 구속하는 효력을 말한다.

Ⅲ 기속력의 내용

1. 반복금지의무(소극적 의무)

동일한 상황하에서 동일한 처분을 반복할 수는 없다.

2. 재처분의무(적극적 의무)

행정청은 지체 없이 그 재결의 취지에 따른 처분을 하여야 한다.

3. 결과제거의무

위법 또는 부당으로 판정된 처분에 의하여 초래된 상태를 제거해야 할 의무가 있다.

Ⅳ 기속력의 범위

1. 주관적 범위

기속력은 피청구인인 행정청과 그 밖의 관계 행정청에 미친다.

2. 객관적 범위

기속력은 재결의 주문 및 그 전제가 된 요건 사실의 인정과 판단에만 미친다. 따라서 재결에 의하여 취소된 처분과 다른 사유로 처분을 하는 것은 기속력에 저촉되지 않는다.
동일 사유인지 다른 사유인지는 재결에서 판단된 사유와 기본적 사실관계의 동일성이 인정되는지 여부에 따라 판단한다.

3. 시간적 범위

기속력은 처분 당시를 기준으로 그 당시까지 존재하였던 처분사유에만 미치고 그 이후에 생긴 사유에는 미치지 않는다.

Ⅴ 기속력 위반의 효력

기속력을 위반한 처분은 무효이다.

Ⅵ 사안의 해결

객관적 범위와 관련해서 1차 허가거부처분의 사유와 재거부처분의 사유가 기본적 사실관계 동일성이 인정된다면 재거부처분은 기속력에 위반된다.
건축법상 도로에 해당한다는 1차 허가거부처분의 거부 사유와 사실상 도로에 해당하여 사회공동체와 인근 주민들의 이익에 반한다는 재거부처분의 사유는 도로의 법적 성질에 관한 평가를 달리 하는 것일 뿐 모두 토지 이용 현황이 도로라는 전제로 주택의 신축을 허용하지 않는다는 기본적 사실관계의 동일성이 인정된다. 따라서 乙이 재차 내린 거부처분은 기속력을 위반한 위법한 처분으로 무효이다.

행정사 12회 기출

甲은 자신이 소유한 토지에 주택을 건축하기 위하여 관할 행정청인 구청장 乙에게 토지형질변경허가를 신청하였으나 乙은 이 토지가 그 지형조건 등에 비추어 주택을 건축하기에 매우 부적법하다는 점을 이유로 허가를 거부하였다. 다음 물음에 답하시오.

물음 2) 甲은 위 거부행위에 대하여 관할 행정심판위원회에 행정심판을 제기하였고 그 결과 인용재결이 내려졌다. 그런데 乙은 이 토지는 도시계획변경을 추진 중이므로 공공목적상 원형유지의 필요가 있는 지역으로서 법령에서 정하고 있는 다른 불허가사유에 해당한다는 이유로 불허가 처분을 하였다. 乙의 거부행위가 법적으로 정당한지를 설명하시오. (20점)

| 모범답안 |

I 논점의 정리

구청장 乙이 재차 불허가처분을 할 수 있는지는 재결의 기속력과 관련된 문제이다.

II 기속력

1. 의의

인용재결시 재결의 취지에 따르도록 구속하는 효력을 말한다.

2. 기속력의 내용

(1) 반복금지의무

동일한 상황 하에서 동일한 처분을 반복할 수는 없다.

(2) 재처분의무

행정청은 지체 없이 그 재결의 취지에 따른 처분을 하여야 한다.

(3) 결과제거의무

위법 또는 부당으로 판정된 처분에 의하여 초래된 상태를 제거해야 할 원상회복의무가 있다.

3. 기속력의 범위

(1) 주관적 범위

기속력은 피청구인인 행정청과 그 밖의 관계 행정청에 미친다.

(2) 객관적 범위

기속력은 재결의 주문 및 그 전제가 된 요건 사실의 인정과 판단에만 미친다. 따라서 재결에 의하여 취소된 처분과 다른 사유로 처분을 하는 것은 기속력에 저촉되지 않는다.
동일 사유인지 다른 사유인지는 재결에서 판단된 사유와 기본적 사실관계의 동일성이 인정되는지 여부에 따라 판단한다.

(3) 시간적 범위

기속력은 처분 당시를 기준으로 그 당시까지 존재하였던 처분사유에만 미치고 그 이후에 생긴 사유에는 미치지 않는다.

4. 기속력 위반의 효력

기속력을 위반한 처분은 무효이다.

Ⅲ 사안의 해결

토지가 그 지형조건 등에 비추어 주택을 건축하기에 매우 부적법하다는 최초의 처분사유와 도시계획변경을 추진 중이므로 공공목적상 원형유지의 필요가 있는 지역이라는 재거부사유는 내용이 공통되거나 취지가 유사하지 않아 기본적 사실관계의 동일성이 인정되지 않는다. 따라서 구청장 乙이 주장하는 법령에서 정하고 있는 다른 불허가사유가 타당하다면 정당한 처분에 해당한다.

27 직접처분

1. 개념

직접처분이란 행정청이 재결의 취지에 따라 이전의 신청에 대한 처분을 하지 아니하는 때에 위원회가 당해 처분을 직접 행하는 것을 말한다.

2. 요건

① 처분명령재결이 있었고, ② 위원회가 당사자의 신청에 따라 기간을 정하여 시정을 명한 뒤에도, ③ 해당 행정청이 그 기간 내에 시정명령을 이행하지 아니하였어야 한다.

직접처분을 하려면 처분의 이행을 명하는 재결이 있었음에도 당해 행정청이 아무런 처분을 하지 아니하였어야 하므로, 당해 행정청이 어떠한 처분을 하였다면 그 처분이 재결의 내용에 따르지 아니하였다고 하더라도 위원회가 직접처분을 할 수는 없다.

3. 한계

위원회는 처분의 성질이나 그 밖의 불가피한 사유에 의하여 직접처분을 할 수 없는 경우에는 직접처분을 하지 아니한다.

28 간접강제

1. 개념

행정심판 인용재결에 따른 행정청의 재처분의무에도 불구하고 행정청이 인용재결에 따른 처분을 하지 아니하면 행정심판위원회는 당사자의 신청에 의하여 결정으로 상당한 기간을 정하고, 행정청이 그 기간 내에 이행하지 아니하는 경우에는 지연기간에 따라 일정한 배상을 하도록 명하거나 즉시 배상을 할 것을 명할 수 있다.

2. 취지

간접강제는 인용재결의 실효성을 확보하기 위한 행정심판작용이며 동시에 직접처분의 한계를 보완한다.

A시의 공공주택난을 해소하기 위한 청년대상 공공아파트 1개동을 건설하기 위하여 甲은 시장 乙에게 주택건설사업계획승인신청을 하였다. 이 신청에 대하여 乙은 관계 법령에 따라 아파트 건설이 가능하다고 구술로 답을 하였다. 그러나 乙의 임기 만료 후에 새로 취임한 시장 丙은 공공아파트 신축 예정지역 인근에 시 지정 공원이 있어 아파트 건설로 A시의 환경, 미관 등이 손상될 우려가 있다는 이유로, 주택건설사업계획승인신청을 반려하는 처분(이하 '이 사건의 반려처분'이라 한다)을 하였다. 甲은 이에 불복하여 이사건의 반려처분의 취소를 구하는 행정심판 청구 및 집행정지신청(이하 '이 사건 취소심판'이라 한다)을 하였다. 다음 물음에 답하시오.

물음 2) 丙은 이 사건 취소심판에 대한 인용재결이 있었음에도 불구하고 이 사건 반려처분에 대하여 아무런 조치를 취하지 않았다. 이때 甲이 취할 수 있는 행정심판법상 구제 수단에 대하여 설명하시오. (20점)

| 모범답안 |

Ⅰ 논점의 정리

행정심판법은 인용재결의 실효성 확보 수단으로 직접처분과 간접강제를 규정하고 있다.
직접처분은 의무이행심판의 인용재결인 처분명령재결을 대상으로 하므로 거부처분취소심판은 직접처분이 인정되지 않는다. 따라서 본 사안의 경우 간접강제에 대한 인정 여부를 살펴볼 필요가 있다.

Ⅱ 간접강제

1. 개념

행정심판 인용재결에 따른 행정청의 재처분의무에도 불구하고 행정청이 인용재결에 따른 처분을 하지 아니하면 행정심판위원회는 당사자의 신청에 의하여 결정으로 상당한 기간을 정하고, 행정청이 그 기간 내에 이행하지 아니하는 경우에는 지연기간에 따라 일정한 배상을 하도록 명하거나 즉시 배상을 할 것을 명할 수 있다.

2. 취지

간접강제는 인용재결의 실효성을 확보하기 위한 행정심판작용이며 동시에 직접처분의 한계를 보완한다.

Ⅲ 사안의 적용

거부처분취소심판으로 거부처분이 취소된 경우 피청구인은 재결의 취지에 따라 이전의 신청에 대한 처분을 해야 한다. 본 사안에서 丙이 행정심판 인용재결에 따른 행정청의 재처분의무에도 불구하고 반려처분에 대하여 아무런 조치를 하지 않았다면 甲은 간접강제를 신청할 수 있다.

29 거부처분에 대한 권리구제 수단

1. 의무이행심판

1) 의의

당사자의 신청에 대한 행정청의 위법 또는 부당한 거부처분이나 부작위에 대하여 일정한 처분을 하도록 하는 행정심판을 말한다.

2) 거부처분

거부행위가 처분이 되기 위해서는 ① 신청의 내용이 공권력의 행사 또는 이에 준하는 행정작용이어야 하고 ② 신청인의 법률관계에 직접 영향을 미치는 것이어야 하며 ③ 신청인에게 특정행위를 요구할 수 있는 법규상 또는 조리상 신청권이 있어야만 한다.

신청권 여부는 관계 법규의 해석에 의해 일반 국민에게 신청권을 인정하고 있는지 여부를 추상적으로 결정한다.

3) 청구인적격

의무이행심판은 처분을 신청한 자로서 행정청에 대하여 일정한 처분을 구할 법률상 이익이 있는 자가 청구할 수 있다.

4) 인용재결

(1) 인용재결의 종류

위원회가 직접 신청에 따른 처분을 하는 처분재결(형성재결)과 위원회가 처분청에게 신청에 따른 처분을 하도록 명령하는 처분명령재결(이행재결)이 있다.

(2) 처분재결과 처분명령재결의 선택

처분재결과 처분명령재결 중 어느 것을 선택할 것인지는 재량에 속하나 처분청의 처분권을 존중하여 원칙적으로 처분명령재결을 한다. 또한 성질상 위원회가 직접처분을 할 수 없는 경우에는 처분명령재결을 내려야 한다.

(3) 처분명령재결의 내용

청구대상의 행위가 기속행위인 경우에는 청구인의 신청대로 처분을 할 것을 명하는 재결을 하여야 하나, 재량행위의 경우에는 재량의 하자가 없는 일정한 처분을 하도록 명하는 재결을 하여야 한다.

(4) 재처분의무

처분명령재결 경우에 행정청은 지체 없이 그 재결의 취지에 따라 다시 이전의 신청에 대한 처분을 하여야 한다.

2. 거부처분취소심판

1) 인용재결의 종류

취소심판의 인용재결은 형성재결인 취소재결과 변경재결, 그리고 이행명령재결인 변경명령재결이 있다. 거부처분취소심판을 제기한 경우 취소재결을 한다.

2) 재처분의무

행정심판법은 재결에 의하여 취소되거나 무효 또는 부존재로 확인되는 처분이 당사자의 신청을 거부하는 것을 내용으로 하는 경우에는 그 처분을 한 행정청은 재결의 취지에 따라 다시 이전의 신청에 대한 처분을 하여야 한다.

3. 가구제

1) 집행정지

거부처분의 경우 처분의 효력, 처분의 집행 또는 절차 속행의 전부 또는 일부의 정지를 잠정적으로 결정한다고 하여 신청이 인정되는 것이 아니며 단지 거부처분이 없는 상태로 돌아가는 것에 불과하다는 점에서 집행정지의 실효성이 없다. 또한 행정심판법의 경우 임시처분이라는 집행정지의 보충적 제도가 존재한다. 따라서 거부처분은 집행정지의 대상이 아니라고 보는 것이 타당하다.

2) 임시처분

임시처분이란 처분 또는 부작위 때문에 당사자가 받을 우려가 있는 중대한 불이익이나 당사자에게 생길 급박한 위험을 막기 위하여 임시지위를 정해야 할 필요가 있는 경우 행정심판위원회가 발하는 가구제 수단을 말한다.

임시처분은 소극적 현상 유지 기능만 있는 집행정지 제도의 한계를 해소하고 청구인의 권리를 더욱 두텁게 보호하려는 데 취지가 있으며 집행정지로 목적을 달성할 수 없을 때 보충적으로 허용된다.

행정사 6회 기출

A시는 영농상 편의를 위해 甲의 토지와 인근 토지에 걸쳐서 이미 형성되어 사용되고 있던 자연발생적 토사구거를 철거하고, 콘크리트 U형 수로관으로 된 구거를 설치하는 공사를 완료하였다. 甲은 A시의 공사가 자신의 토지 약 75㎡를 침해하였다는 사실을 발견하게 되었다. 이에 甲은 A시에 자신의 토지 약 75㎡에 설치되어 있는 구거를 철거하고 자신의 토지 외의 지역에 새로 구거를 설치해달라는 민원을 제기하였다. 다음 물음에 답하시오.

물음 2) 甲이 민원제기와는 별도로 A시에 대하여 해당 토지에 설치되어 있는 구거의 철거와 새로운 구거의 설치를 요구하는 의무이행심판을 제기하였다면, 甲이 제기한 행정심판의 대상적격과 청구인적격의 적법 여부에 관하여 논하시오. (20점)

| 모범답안 |

Ⅰ 의무이행심판

당사자의 신청에 대한 행정청의 위법 또는 부당한 거부처분이나 부작위에 대하여 일정한 처분을 하도록 하는 행정심판을 말한다.

Ⅱ 대상적격

1. 거부처분

거부행위가 처분이 되기 위해서는 ① 신청의 내용이 공권력의 행사 또는 이에 준하는 행정작용이어야 하고 ② 신청인의 법률관계에 직접 영향을 미치는 것이어야 하며 ③ 신청인에게 특정행위를 요구할 수 있는 법규상 또는 조리상 신청권이 있어야만 한다.

신청권 여부는 관계 법규의 해석에 의해 일반 국민에게 신청권을 인정하고 있는지 여부를 추상적으로 결정한다.

2. 부작위

행정청이 당사자의 신청에 대하여 상당한 기간 내에 일정한 처분을 하여야 할 법률상 의무가 있음에도 불구하고 하지 않는 경우에 의무이행심판을 청구할 수 있다.

Ⅲ 청구인적격

1. 원칙

의무이행심판은 처분을 신청한 자로서 행정청의 거부처분 또는 부작위에 대하여 일정한 처분을 구할 법률상 이익이 있는 자가 청구할 수 있다.

2. 법률상 이익이 있는 자

(1) 법률의 범위
법률은 근거법과 관련법까지 포함한다.

(2) 법률상 이익의 의미
① 권리구제설 ② 법률상 이익구제설 ③ 보호가치 있는 이익구제설 ④ 적법성보장설로 견해가 대립되고 있으나 문자 그대로 법률상 보호되는 이익으로 보는 것이 일반적이다.

(3) 법률상 이익이 있는 자
당해 처분의 근거 법규 및 관련 법규에 의하여 보호되는 개별적 · 직접적 · 구체적 이익이 있는 자를 의미한다.

Ⅳ 甲의 행정심판청구의 적법 여부

의무이행심판의 경우 신청에 대한 거부와 부작위를 그 대상으로 하며, 처분을 신청한 자로서 거부와 부작위에 대한 법률상 이익이 있는 자가 청구한다. 그러나 본 사안의 경우 민원제기와 별도로 의무이행심판을 제기하였으므로 민원신청에 대한 거부와 부작위가 현재 없는 상태이다. 따라서 대상적격과 청구인적격이 없어 부적법한 심판청구이다.

행정사 7회 기출

서울특별시 A구에 거주하는 甲은, 乙의 건축물(음식점 영업과 주거를 함께하는 건물)이 甲 소유의 주택과 도보에 연접하고 있는데 乙이 건축관계법령을 위반하여 증개축공사를 하였고, 그로 인하여 甲의 집 앞 도로의 통행에 심각한 불편을 초래한다고 주장하면서 A구청을 상대로 지속적으로 민원을 제기하였다. 자신의 민원이 받아들여지지 않자 甲은 자신의 주장의 정당성과 乙이 행한 건축행위의 위법성을 입증하기 위하여 A구청장을 상대로 乙소유 건축물의 설계도면과 준공검사내역 등의 문서를 공개해달라며 정보공개를 청구하였다. 그러나 A구청장을 해당 정보가 乙의 사생활 및 영업상 비밀보호와 관련된 것임을 이유로 비공개결정 하였다. 乙 또한 정보공개를 강력하게 반대하고 있다. 그러나 甲은 이에 불복하여 행정심판을 청구하려고 한다. 다음 물음에 답하시오.

물음 2) 행정심판의 인용재결에도 불구하고 A구청장이 해당 정보를 공개하지 않는 경우 행정심판위원회가 재결의 구속력을 확보하기 위해 취할 수 있는 방법은 무엇인가? (20점)

| 모범답안 |

Ⅰ 논점의 정리

인용재결의 경우 기속력이 발생하며 이에 따라 행정청은 재처분의무가 생긴다. 행정심판의 유형별 실효성 확보 수단의 검토가 필요하다.

Ⅱ 의무이행심판

1. 원칙

의무이행심판으로 처분명령재결이 있는 경우 피청구인은 재결의 취지에 따라 이전의 신청에 대한 처분을 해야 한다.

위원회는 피청구인이 처분을 하지 아니하는 경우에는 당사자가 신청하면 기간을 정하여 서면으로 시정을 명하고 그 기간에 이행하지 아니하면 직접처분을 할 수 있다. 또한 청구인의 신청에 의하여 결정으로 상당한 기간을 정하고 피청구인이 그 기간 내에 이행하지 아니하는 경우에는 그 지연기간에 따라 일정한 배상을 하도록 명하거나 즉시 배상을 할 것을 간접강제로서 명할 수 있다.

2. 직접처분의 한계

위원회는 처분의 성질이나 그 밖에 불가피한 사유에 의하여 직접처분을 할 수 없는 경우 직접처분을 하지 아니한다.

3. 사안의 적용

정보를 직접 보유하고 있지 않은 위원회는 성질상 직접처분을 행할 수 없으며, 간접강제로서 배상을 명할 수 있다.

Ⅲ 거부처분취소심판

甲이 취소심판을 청구한 경우 A구청장이 인용재결에 따른 처분을 하지 아니하면 행정심판위원회는 간접강제로서 배상을 명할 수 있다.

Ⅳ A구청장이 재차 비공개결정을 한 경우

A구청장이 재차 비공개결정을 하였다면 비록 정보를 공개하고 있지 않는 경우라 하더라도 어떠한 처분을 행한 경우에 해당하므로 위원회는 직접처분 또는 간접강제를 할 수는 없다.

甲은 '사실상의 도로'로서 인근 주민들의 통행로로 이용되고 있는 토지(이하 '이 사건의 토지'라
한다.)를 매수한 다음 관할 구청장 乙에게 그 지상에 주택을 신축하겠다는 내용의 건축허가를
신청하였으나, 乙은 '위 토지가 건축법상 도로에 해당하여 건축을 허용할 수 없다'는 사유로
건축허가를 거부하였다. 다음 물음에 답하시오.

물음 1) 乙은 '甲의 건축허가 신청을 거부한 행위는 취소심판의 대상이 되는 거부처분이 아니
고, 또 건축허가 거부행위에 대해서는 집행정지가 허용되지 않는다.'고 주장한다. 乙의 주장은
타당한가? (20점)

| 모범답안 |

I 행정심판 대상

행정심판은 처분과 부작위를 대상으로 한다. 처분이란 행정청이 행하는 구체적 사실에 관한 법집행으로
서의 공권력의 행사 또는 그 거부, 그 밖에 이에 준하는 행정작용을 의미한다.

II 거부처분 성립 여부

거부행위가 처분이 되기 위해서는 ① 신청의 내용이 공권력의 행사 또는 이에 준하는 행정작용이어야
하고 ② 신청인의 법률관계에 직접 영향을 미치는 것이어야 하며 ③ 신청인에게 특정행위를 요구할 수
있는 법규상 또는 조리상 신청권이 있어야만 한다.
신청권 여부는 관계 법규의 해석에 의해 일반 국민에게 신청권을 인정하고 있는지 여부를 추상적으로
결정한다.
甲은 건축법에 의거하여 허가를 신청하였으며, 乙의 허가 거부는 甲이 주택을 신축하겠다는 토지이용에
직접 영향을 미친다는 점에서 본 사안에서의 거부행위는 거부처분에 해당한다.

III 집행정지

처분의 집행 등으로 인하여 중대한 손해가 생길 경우에, 당사자의 권리·이익을 보전하기 위하여 위원회
가 처분의 효력이나 그 집행 또는 절차의 속행의 전부 또는 일부를 잠정적으로 정지하는 제도이다.

IV 거부처분에 대한 집행정지 허용 여부

거부처분의 경우 처분의 효력, 처분의 집행 또는 절차 속행의 전부 또는 일부의 정지를 잠정적으로 결정
한다고 하여 신청이 인정되는 것이 아니며 단지 거부처분이 없는 상태로 돌아가는 것에 불과하다는 점에
서 집행정지의 실효성이 없다. 또한 행정심판법의 경우 임시처분이라는 집행정지의 보충적 제도가 존재
한다. 따라서 거부처분은 집행정지의 대상이 아니라고 보는 것이 타당하다.

V 사안의 해결

乙의 주장 중에서 건축허가 신청을 거부한 행위는 행정심판 대상인 거부처분에 해당하므로 부당하다. 반
면에 집행정지가 허용되지 않는다는 乙의 주장은 타당하다.

30 토지수용의 재결에 대한 이의신청

1. 협의전치주의

공익사업시행자는 수용 또는 사용할 토지의 소유자 및 관계인과 보상액, 수용의 개시일 등에 관하여 협의하여야 한다. 협의가 성립되면 그것으로 공용수용의 절차는 종결되고, 협의의 내용에 따라 수용의 효과가 발생한다.

2. 토지수용위원회의 재결

1) 재결의 신청

협의가 성립되지 아니하거나 협의를 할 수 없을 때에는 사업시행자는 사업인정고시가 된 날부터 1년 이내에 관할 토지수용위원회에 재결을 신청할 수 있다.

2) 신청권자

토지소유자 및 관계인은 토지수용위원회에 재결을 신청할 수 없다. 이들은 공익사업시행자에게 재결을 신청할 것을 청구할 수 있고, 이 경우 사업시행자는 그 청구를 받은 날부터 60일 이내에 재결을 신청하여야 한다.

3) 재결

토지수용위원회의 재결에 의해 보상액, 수용시기가 정해진다. 수용재결이 있는 경우 사업시행자는 재결서에 기재된 수용의 개시일까지 보상금을 지급 또는 공탁하면 수용의 개시일에 토지에 관한 권리를 취득한다.

3. 이의의 신청

1) 신청권자

중앙토지수용위원회의 원처분인 수용재결에 이의가 있는 자는 재결서의 정본을 받은 날부터 30일 이내에 중앙토지수용위원회에 이의를 신청할 수 있다. 지방토지수용위원회의 원처분인 수용재결에 이의가 있는 자는 해당 지방토지수용위원회를 거쳐 중앙토지수용위원회에 이의를 신청할 수 있다.

2) 이의신청의 성격

이의신청은 특별행정심판으로서의 성질을 가진다.

3) 재결

중앙토지수용위원회는 이의신청을 받은 경우 재결이 위법하거나 부당하다고 인정할 때에는 그 재결의 전부 또는 일부를 취소하거나 보상액을 변경할 수 있다.

4. 행정소송의 제기

사업시행자, 토지소유자 또는 관계인은 재결에 불복할 때에는 재결서를 받은 날부터 90일 이내에, 이의신청을 거쳤을 때에는 이의신청에 대한 재결서를 받은 날부터 60일 이내에 각각 행정소송을 제기할 수 있다.

31 공무원 소청심사

1. 의의

공무원의 징계처분 기타 그 의사에 반하는 불리한 처분이나 부작위에 대하여 소청심사위원회에 제기하는 불복신청을 의미한다.

2. 소청심사의 절차

1) 소청심사청구

처분사유 설명서를 교부 받은 날부터 30일 이내에, 그 밖의 본인의 의사에 반하는 불이익 처분을 받았을 때에는 그 처분이 있은 것을 안 날부터 30일 이내에 소청심사위원회에 심사청구서를 제출한다.

2) 후임자 보충발령의 제한

파면 또는 해임이나 면직처분을 하였을 때에는 처분을 한 날부터 40일 이내에는 후임자를 보충발령하지 못한다. 다만, 불가피한 사유가 있는 경우 후임자를 보충 발령할 수 있다.

3) 심사

소청인은 진술권이 부여되고, 진술의 기회를 부여하지 아니한 결정은 무효가 된다.

3. 결정

1) 결정서

소청심사위원회의 결정은 그 이유를 명시한 결정서로 하여야 한다.

2) 결정기간

소청심사청구를 접수한 날부터 60일 이내에 결정을 하여야 한다. 다만, 불가피하다고 인정되면 심사위원회의 의결로 30일을 연장할 수 있다.

3) 결정정족수

재적 위원 3분의 2 이상의 출석과 출석 위원 과반수의 합의에 따르되, 의견이 나뉠 경우에는 출석 위원 과반수에 이를 때까지 소청인에게 가장 불리한 의견에 차례로 유리한 의견을 더하여 그중 가장 유리한 의견을 합의된 의견으로 본다.

4) 임시결정

(1) 보충발령유예

심사청구가 파면 또는 해임이나 면직처분으로 인한 경우에는 심사위원회는 그 청구를 접수한 날부터 5일 이내에 해당 사건의 최종결정이 있을 때까지 후임자의 보충발령을 유예하게 하는 임시결정을 할 수 있다.

(2) 최종결정기간 및 보충발령제한

심사위원회가 임시결정을 한 경우에는 20일 이내에 최종결정을 하여야 하며, 임용권자는 그 최종결정이 있을 때까지 후임자를 보충발령하지 못한다.

5) 결정의 효력

소청심사위원회의 결정은 처분행정청을 기속한다.

행정사
이준희 행정사실무법

종합 사례

| 문제 1 | 건설교통부장관은 관광레저형 기업도시를 건설하려는 민간기업인 주식회사 甲과 지역 개발을 위해 이를 유치하려는 A시장의 공동제안에 따라 A시 외곽 지역에 개발구역을 지정·고시하고, 甲을 개발사업의 시행자로 지정하였다.

토지소유자 乙은 甲에게 생활대책에 필요한 대체용지의 공급을 포함하는 이주대책의 수립을 신청하였지만 상당한 기간이 경과했는데도 甲은 이주대책을 수립하지 않고 있다. 이에 乙은 이주대책의 수립을 구하는 행정심판을 청구하려고 한다(기업도시개발특별법 이주대책을 수립·시행하여야 할 법률상 의무가 규정되어 있음을 전제로 한다). **(40점)** ^{2007 제49회 사법시험 변형}

물음 1) 乙이 청구할 수 있는 행정심판의 유형을 제시하고, 대상적격 여부와 피청구인에 대하여 약술하시오. (30점)

물음 2) 행정심판위원회는 乙의 주장이 이유가 있다고 판단한다. 이때 행정심판위원회의 재결에 대하여 약술하시오. (10점)

━━ **모범답안** ▨▨

물음 1) (30점)

Ⅰ 행정심판의 유형

1. 행정심판법상 행정심판의 종류

행정청의 위법 또는 부당한 처분을 취소하거나 변경하는 취소심판, 행정청의 처분의 효력 유무 또는 존재 여부를 확인하는 무효등확인심판 그리고 당사자의 신청에 대한 행정청의 위법 또는 부당한 거부처분이나 부작위에 대하여 일정한 처분을 하도록 하는 의무이행심판이 있다.

2. 사안의 적용

乙은 부작위에 대하여 일정한 처분을 하도록 하는 의무이행심판을 청구할 수 있다.

Ⅱ 대상적격 여부

1. 부작위의 성립요건

행정청이 당사자의 신청에 대하여 상당한 기간 내에 일정한 처분을 하여야 할 법률상 의무가 있음에도 불구하고 하지 않는 경우 부작위에 해당한다.

신청인에게 그 행위 발동을 요구할 법규상 또는 조리상 신청권이 있어야만 한다.

2. 사안의 적용

甲은 乙의 신청에 대하여 이주대책을 수립·시행하여야 할 법률상 의무가 있으므로 의무이행심판의 대상인 부작위에 해당한다.

Ⅲ 피청구인

1. 피청구인적격

행정심판은 처분을 한 행정청을 피청구인으로 하여 청구하여야 한다.

행정청이란 의사나 판단을 결정하여 외부에 표시할 수 있는 권한을 가지는 행정기관을 의미한다. 권한의 위임 또는 위탁이 있을 시에는 수임청 또는 수탁청이 행정청이 되며 권한이 다른 행정청에 승계된 때에는 그 권한을 승계한 행정청이 처분청 또는 부작위청이 된다.

2. 사안의 적용

甲은 기업도시개발특별법에 의해 행정권한을 위탁받은 사인이므로, 행정심판의 피청구인에 해당한다.

물음 2) (10점)

I 인용재결의 종류

행정심판위원회는 청구인의 주장이 이유가 있다면 인용재결을 하여야 한다. 의무이행심판의 인용재결에는 위원회가 직접 신청에 따른 처분을 하는 처분재결과 위원회가 처분청에게 신청에 따른 처분을 하도록 명령하는 처분명령재결이 있다. 처분명령재결의 경우 행정청은 지체 없이 그 재결의 취지에 따라 다시 이전의 신청에 대한 처분을 하여야 한다.

II 사안의 해결

이주대책의 종류나 내용의 결정은 사업시행자의 재량이라고 보아야 하며, 또한 예산이 수반되는 결정이다. 따라서 행정심판위원회는 처분명령재결을 하여야 한다.

| 문제 2 | 최근 A공원의 등산객의 수가 급증하여 공원 입구가 주차장처럼 이용되고 있다. 이에 A공원을 관할하는 행정청 乙은 공원 입구에 만남의 장소를 제공하고 도시 경관을 향상시키려는 목적으로 국토의 계획 및 이용에 관한 법률에 따라 주변 지역을 광장으로 조성하기 위한 도시관리계획을 입안·결정하였다. **(40점)**

물음 1) 甲은 자신의 토지 전부를 광장에 포함시키는 乙의 도시관리계획에 대하여 취소심판을 제기하려 한다. 대상적격 여부를 검토하시오. (20점)

물음 2) 행정청 乙은 지역발전에 대한 의욕이 앞선 나머지 국토의 계획 및 이용에 관한 법률상 요구되는 기초조사를 시행하지 아니한 채 토지관리계획을 입안·결정하였다. 이 경우 甲의 행정심판은 인용될 수 있는지 검토하시오(청구요건은 모두 충족한다고 가정한다). (20점)

모범답안

물음 1) (20점)

Ⅰ 문제의 소재

행정심판은 처분과 부작위를 그 대상으로 한다.
처분이란 행정청이 행하는 구체적 사실에 관한 법집행으로서의 공권력의 행사 또는 그 거부, 그 밖에 이에 준하는 행정작용을 의미한다.
본 사안에서 행정계획의 일종인 도시관리계획이 행정심판 대상인지 여부를 살펴야 한다.

Ⅱ 대상적격 판단 기준

처분성 여부는 추상적, 일반적으로 결정할 수 없고 관련 법령의 내용 및 취지와 행정처분으로서의 성립 내지 효력요건을 충족하고 있는지 여부, 그 행위와 상대방 등이 입는 불이익과의 실질적 관련성 등을 참작하여 개별적으로 결정하여야 할 것이다.
또한, 행정청의 행위가 처분에 해당하는지가 불분명한 경우에는 그에 대한 불복방법 선택에 중대한 이해관계를 가지는 상대방의 인식가능성과 예측가능성을 중요하게 고려하여 규범적으로 판단하여야 한다.

Ⅲ 사안의 검토

도시관리계획이 고시되면 도시관리구역 내의 토지 또는 건물의 소유자는 토지형질변경, 건축물의 신축·개축 또는 증축 등의 권리행사에 일정한 제한을 받게 된다. 따라서 도시관리계획은 상대방에게 권리의 설정 또는 의무의 부담을 명하거나 기타 법적인 효과를 발생하게 하는 등 그 상대방의 권리·의무에 직접 영향을 미치는 행위이므로 처분에 해당하며 대상적격을 가진다.

물음 2) (20점)

I 문제의 소재

처분이 내용적으로 정당한 경우 절차상 하자만으로 처분의 독자적 위법성을 인정할 수 있는지가 문제된다.

II 절차상 하자의 독자적 위법성 인정 여부

1. 견해의 대립

행정의 효율성을 강조하는 입장에서 절차 하자의 독자적 위법성을 부정하는 견해와 국민 권익보호를 강조하는 입장에서 긍정하는 견해로 나뉜다.

판례는 절차상 하자만을 이유로 행정행위의 취소를 구할 수 있다고 판시하여 절차상 하자를 행정행위의 독자적 위법사유로 보고 있다.

2. 검토

행정심판법 제49조 제4항의 규정과 헌법 제12조의 적법절차원리가 일반조항으로 행정절차에 유추적용 된다는 점을 볼 때 절차 하자의 독자적 위법성을 인정하는 것이 타당하다.

III 위법성의 정도

중대·명백설에 따라 절차상 하자는 취소사유에 해당한다.

IV 사안의 적용

절차상 하자만으로도 독자적 위법성을 가지므로 甲의 행정심판청구는 인용될 수 있다.

| 문제 3 | 보건복지부장관은 개정된 요양급여규칙의 위임에 따라 보건복지부 고시인 '약제급여목록 및 급여상한금액표'를 개정하여 고시하면서 '약제급여목록 및 급여상한금액표 중 삭제 품목의 해당 기준'을 등재하였다. 이에 제약회사 甲은 해당 조건에 포함되는 자신의 약품 A의 판매 저하를 우려하여 보건복지부장관을 상대로 행정심판을 제기하였다. (40점)

물음 1) 보건복지부 고시인 '약제급여목록 및 급여상한금액표'의 행정심판 대상 여부에 대하여 검토하시오. (20점)

물음 2) 행정심판은 고시 효력발생 후 100일이 경과한 시점에 제기하였다. 하지만 제약회사 甲은 이 사건 고시가 효력발생 후 1개월이 지난 후에야 고시가 있었음을 알았다는 이유로 청구기간상 문제가 없다고 주장한다. 이러한 주장에 대하여 검토하시오. (20점)

═══ **모범답안** ═══

물음 1) (20점)

I 문제의 소재

행정심판은 처분과 부작위를 그 대상으로 한다.
처분이란 행정청이 행하는 구체적 사실에 관한 법집행으로서의 공권력의 행사 또는 그 거부, 그 밖에 이에 준하는 행정작용을 의미한다.
본 사안에서 일반적 · 추상적 성격의 고시가 행정심판 대상인지 여부를 살펴야 한다.

II 대상적격 판단 기준

처분성 여부는 추상적, 일반적으로 결정할 수 없고 관련 법령의 내용 및 취지와 행정처분으로서의 성립 내지 효력요건을 충족하고 있는지 여부, 그 행위와 상대방 등이 입는 불이익과의 실질적 관련성 등을 참작하여 개별적으로 결정하여야 할 것이다.
또한, 행정청의 행위가 처분에 해당하는지가 불분명한 경우에는 그에 대한 불복방법 선택에 중대한 이해관계를 가지는 상대방의 인식가능성과 예측가능성을 중요하게 고려하여 규범적으로 판단하여야 한다.

III 사안의 적용

고시가 일반적 · 추상적 성격을 가질 때에는 법규명령 또는 행정규칙에 해당할 것이지만, 다른 집행행위의 매개 없이 그 자체로서 직접 국민의 구체적인 권리, 의무나 법률관계를 규율하는 성격을 가질 때에는 처분에 해당한다.
본 사안의 '약제급여목록 및 급여상한금액표' 고시는 그 자체로서 직접 국민에 대하여 구체적 효과를 발생하여 특정한 권리, 의무를 형성하게 하는 경우에 해당하므로 행정심판의 대상이 된다.

물음 2) (20점)

I 청구기간

행정심판청구는 원칙적으로 처분이 있음을 알게 된 날부터 90일 이내, 처분이 있은 날로부터 180일 이내에 제기하여야 한다. 90일은 불변기간에 해당하며, 180일은 불변기간이 아니므로 경과하더라도 그 기간 내에 심판청구를 제기하지 못한 정당한 사유가 있는 경우에는 심판청구를 할 수 있다. 두 기간 중 어느 하나라도 먼저 경과하면 당해 행정심판청구는 부적법한 것으로서 각하된다.

II 고시에 있어서의 청구기간

1. 특정인 대상의 고시·공고

당사자가 고시·공고를 본 경우에는 본 날이 처분이 있음을 알게 된 날이다. 그러나 현실적으로 청구기간은 고시·공고가 있은 날로부터 180일 이내가 적용되며 특별한 사정이 없는 한 정당한 사유가 있는 경우에 해당하여 180일의 심판청구기간이 경과한 뒤에도 심판을 청구할 수 있다.

2. 불특정 다수인에 대해 고시·공고

고시 또는 공고의 효력 발생일에 그 처분이 있었음을 알았던 것으로 보아 청구기간을 기산하여야 한다.

III 사안의 적용

본 사안의 고시는 일반적·추상적 성격으로 불특정 다수인을 대상으로 한다. 보건복지부장관이 효력발생시기를 명시하여 고시하였다면 그 명시된 시점에 효력이 발생한다. 이는 상대방이 고시 내용을 현실적으로 알았는지 여부는 불문한다.

따라서 본 사안의 경우 제약회사 甲이 그 사실을 현실적으로 알았는지 여부를 불문하고 고시의 효력발생일에 그 처분이 있음을 알았다고 보며, 행정심판은 100일이 경과하여 청구하였으므로 알게 된 날로부터 90일이 경과하여 부적법한 청구에 해당한다.

| 문제 4 | 甲은 A시 B동의 동장에게 A시 B동 96번지의 10대 640m² 지상에 있는 기존 건물에 덧붙여 차고 40m²를 증축하는 내용의 건축물증축신고서를 제출하였으나, B동의 동장은 증축으로 인한 인근 주민들의 반발을 우려하여 그 접수를 하지 않고 있다가 甲의 끈질긴 요구에 의하여 3월 15일에 이를 수락하였다. 甲이 공사에 착공하자, 위 토지를 이용하여 통행하고 있던 乙이 B동의 직근 상급행정기관인 A시의 시장에게 甲이 이 토지를 독점적·배타적으로 사용·수익할 권리가 없음에도 불구하고 이 사건 토지 위에 차고를 증축하는 것은 乙을 비롯하여 이 사건 토지를 통행하는 인근 토지소유자 등의 권리를 침해하는 것이므로 B동의 동장이 甲의 증축신고를 수리한 것은 위법하다고 주장하며 같은 해 10월 15일에 위 건축물 증축신고 수리처분의 취소를 구하는 행정심판을 제기하였다.
乙이 행정심판을 청구할 적격이 있는지 여부를 밝히고 그 이유를 설명하시오. (20점)

━━ **모범답안** ━━

Ⅰ 문제의 소재

건축물 증축신고 수리처분의 직접 상대방이 아닌 乙이 행정심판에 있어서 청구인적격이 있는지 여부가 문제된다.

Ⅱ 청구인적격

1. 개념
행정심판은 법률상 이익이 있는 자가 청구할 수 있다. 이는 직권조사사항으로 청구인적격이 없는 자의 심판청구는 부적법 각하된다.

2. 법률상 이익이 있는 자
(1) 법률의 범위
법률은 근거법과 관련법까지 포함하는 의미이다.
(2) 법률상 이익의 의미
① 권리구제설 ② 법률상 이익구제설 ③ 보호가치 있는 이익구제설 ④ 적법성보장설로 견해가 대립되고 있으나 문자 그대로 법률상 보호되는 이익으로 보는 것이 일반적이다.
(3) 법률상 이익이 있는 자
개별적·직접적·구체적 이익이 있는 자를 의미한다.

Ⅲ 사안의 해결

일반적으로 도로는 국가나 지방자치단체가 직접 공중의 통행에 제공하는 것으로서 일반 국민은 이를 자유로이 이용할 수 있는 것이기는 하나, 그렇다고 하여 그 이용관계로부터 당연히 그 도로에 관하여 특정한 권리나 법령에 의하여 보호되는 이익이 개인에게 부여되는 것이라고 볼 수는 없다. 따라서 일반적인 시민생활에 있어 도로를 이용만 하는 사람은 그 용도폐지를 다툴 법률상 이익이 있다고 말할 수 없다.
다만, 공용재산이라고 하여도 당해 공용재산의 성질상 특정 개인의 생활에 개별성이 강한 직접적이고 구체적인 이익을 부여하고 있어서 그에게 그로 인한 이익을 가지게 하는 것이 법률적인 관점으로도 이유가 있다고 인정되는 특별한 사정이 있는 경우에는 그와 같은 이익은 법률상 보호되어야 할 것이고, 따라서 도로의 용도폐지처분에 관하여 이러한 직접적인 이해관계를 가지는 사람이 그와 같은 이익을 현실적으로 침해당한 경우에는 그 취소를 구할 법률상의 이익이 있다고 보아야 할 것이다.

|문제 5| A시와 B시 구간의 시외버스 운송사업을 하고 있는 甲은 최근 자가용 이용의 급증 등으로 시외버스 운송사업을 하는 데 상당한 어려움에 처해 있다. 그런데 관할행정청 X는 甲이 운영하는 노선에 대해 인근에서 대규모 운송사업을 하고 있던 乙에게 2016년 7월 12일 새로이 시외버스 운송사업 면허를 하였다. 이에 乙은 버스노선등록과 운행사업 기반을 마련하기 위해 약 6개월의 시간이 경과하여 2017년 1월 20일에 버스운행을 실시하였다. 甲은 2월에 이러한 사실을 알고 2017년 2월 15일에 관할행정청 X를 상대로 乙의 시외버스 운송사업 면허처분에 대한 취소심판을 제기하였다. (60점)

물음 1) 甲이 제기한 행정심판 청구의 적법성을 검토하시오. (40점)

물음 2) 甲의 주장이 이유가 있다고 하더라도 이미 많은 주민들이 乙의 버스를 이용하고 있어서 공공복리를 훼손할 우려가 있다면 행정심판위원회가 내릴 수 있는 결정에 대하여 설명하시오. (20점)

■■■ 모범답안

물음 1) (40점)

Ⅰ 문제의 소재

행정심판청구가 적법하기 위해서는 다른 법률에 특별한 규정이 없을 것, 행정심판의 대상으로서 처분이나 부작위에 대한 청구일 것, 청구인적격이 있을 것, 심판청구의 현실적 필요성이 있을 것, 피청구인을 상대로 청구기간 내의 청구일 것, 재심판청구가 아닐 것 등이 요구된다.
본 사안에서는 대상적격과 청구인적격 그리고 청구기간이 문제된다.

Ⅱ 행정심판 청구의 적법성

1. 대상적격

乙에 대한 운송사업 면허는 제3자효 행정행위로 처분에 해당한다.

2. 청구인적격

(1) 법률상 이익이 있는 자

① 법률의 범위
   법률은 근거법과 관련법까지 포함하는 의미이다.

② 법률상 이익의 의미
   권리구제설, 법률상 이익구제설, 보호가치 있는 이익구제설, 적법성보장설로 견해가 대립되고 있으나 문자 그대로 법률상 보호되는 이익으로 보는 것이 일반적이다.

③ 법률상 이익이 있는 자
   개별적·직접적·구체적 이익이 있는 자를 의미한다.

(2) 甲의 청구인적격 인정 여부

甲과 乙은 경업자 관계이며, 甲의 운송사업 면허는 특허에 해당한다. 따라서 甲은 청구인적격이 있다.

3. 청구기간

(1) 원칙

행정심판청구는 원칙적으로 처분이 있음을 알게 된 날로부터 90일 이내, 처분이 있은 날부터 180일 이내에 제기하여야 한다. 90일은 불변기간에 해당하며, 180일은 불변기간이 아니므로 경과하더라도 그 기간 내에 심판청구를 제기하지 못한 정당한 사유가 있는 경우에는 심판청구를 할 수 있다. 두 기간 중 어느 하나라도 먼저 경과하면 당해 행정심판청구는 부적법한 것으로서 각하된다.

(2) 제3자의 청구기간

처분의 제3자는 통지의 상대방이 아니므로 특별한 사정이 없는 한 행정행위가 있음을 알 수 없다. 따라서 제3자의 행정심판청구기간은 처분이 있은 날로부터 180일 이내가 기준이 된다.

(3) 정당한 사유의 문제

처분의 직접 상대방이 아닌 제3자는 특별한 사정이 없는 한 정당한 사유가 있는 경우에 해당하여 180일의 심판청구기간이 경과한 뒤에도 심판을 청구할 수 있다.

(4) 甲의 청구기간 적법 여부

甲이 경우 처분의 제3자이므로 처분으로부터 180일 이내에 행정심판을 제기하여야 한다. 다만, 특별한 사정이 없는 한 정당한 사유가 있는 경우에 해당하여 180일의 심판청구기간이 경과한 뒤에도 심판을 청구할 수 있다. 따라서 甲의 행정심판은 청구기간 내에 제기한 것으로 본다.

Ⅲ 사안의 해결

甲이 관할행정청 X시장의 면허처분에 대하여 취소심판을 제기하는 것은 적법하다.

물음 2) (20점)

Ⅰ 문제의 소재

甲의 주장이 이유가 있다면 행정심판위원회는 인용재결을 하여야 한다. 다만 공공복리를 훼손할 우려가 있다면 사정재결이 가능한지 여부를 살펴보아야 한다.

Ⅱ 사정재결

1. 의의

심판청구가 이유 있다고 인정하는 경우에도 인용하는 것이 공공복리에 크게 위배된다고 인정할 때에는 그 심판청구를 기각하는 재결을 의미한다.

2. 적용범위

취소심판 및 의무이행심판에만 인정되고, 무효등확인심판은 인정되지 않는다.

3. 요건

(1) 실질적 요건

사정재결은 심판청구를 인용하는 것이 공공복리에 크게 위배된다고 인정하는 때에 한하여 행해질 수 있다.

(2) 형식적 요건

행정심판위원회는 그 재결의 주문에서 그 처분 또는 부작위가 위법 또는 부당함을 명시하여야 한다.

4. 구제방법

행정심판위원회는 사정재결을 함에 있어서, 직접 청구인에 대하여 상당한 구제방법을 취하거나 피청구인에게 상당한 구제방법을 취할 것을 명할 수 있다.

Ⅲ 사안의 해결

행정심판위원회는 심판청구가 이유 있다고 인정하는 경우에도 인용하는 것이 공공복리에 크게 위배된다고 인정할 때에는 그 심판청구를 기각하는 의미의 사정재결을 내릴 수 있다.

| 문제 6 | 한국전력공사는 ○○도 A군 내의 지역에 발전소를 건설하고자 전원개발촉진법에 근거하여 전원개발사업실시계획의 승인을 관계 당국에 신청하였다. 그런데 발전소 건설사업은 환경영향평가 대상 사업이다.

甲은 자신의 재산상·환경상의 이익에 영향을 받음을 이유로 발전소 건설사업 허가에 대하여 취소심판을 제기하려고 한다. 청구인적격 인정 여부를 검토하시오. (20점) ^{2010 제54회 행정고시 변형}

=== **모범답안**

I 문제의 소재

甲은 처분의 직접 상대방이 아닌 바 청구인적격이 인정되는지가 문제된다.

II 청구인적격

1. 개념

행정심판은 법률상 이익이 있는 자가 청구할 수 있다. 이는 직권조사사항으로 청구인적격이 없는 자의 심판청구는 부적법 각하된다.

2. 법률상 이익이 있는 자

(1) **법률의 범위**

법률은 근거법과 관련법까지 포함하는 의미이다.

(2) **법률상 이익의 의미**

① 권리구제설 ② 법률상 이익구제설 ③ 보호가치 있는 이익구제설 ④ 적법성보장설로 견해가 대립되고 있으나 문자 그대로 법률상 보호되는 이익으로 보는 것이 일반적이다.

(3) **법률상 이익이 있는 자**

개별적·직접적·구체적 이익이 있는 자를 의미한다.

III 사안의 해결

甲이 환경영향평가 대상지역 안의 주민이라면 전원개발촉진법에 의해 법률상 이익이 인정된다. 甲이 환경영향평가 대상지역 밖에 거주하는 자라 하더라도 발전소의 건설로 인해 수인한도를 넘는 환경피해를 받거나 받을 우려가 있다는 자신의 환경상 이익에 대한 침해 또는 침해 우려가 있음을 입증하는 경우에는 청구인적격을 인정받을 수 있다.

| 문제 7 | 甲과 丙은 LPG 충전사업 허가를 신청하였다. 이에 대하여 乙시장은 丙이 신청한 LPG 충전사업에 대하여 허가를 하였다. 관련 법령에 의하면 乙시장의 관할구역에는 1개소의 LPG 충전사업만이 가능하고, 충전소의 외벽으로부터 100m 이내에 있는 건물주의 동의를 받도록 되어 있다. 그런데 丙은 이에 해당하는 건물주로부터 동의를 얻지 아니한 채 위의 허가신청을 하였다.
LPG 충전사업허가를 신청한 다수의 사업자가 있었으며, 다수의 사업주 중에서 甲은 허가우선순위가 3순위에 해당하며, 허가를 받은 丙은 4순위 사업자였다. 이러한 경우 甲의 청구인적격에 대하여 검토하시오.
(20점) 2008 제52회 행정고시 변형

■■■ **모범답안** ■■

Ⅰ 문제의 소재

본 사안에서는 甲에게 심판청구의 현실적 필요성이 있는지 여부가 문제된다.

Ⅱ 청구인적격

1. 법률의 범위

법률은 근거법과 관련법까지 포함하는 의미이다.

2. 법률상 이익의 의미

① 권리구제설 ② 법률상 이익구제설 ③ 보호가치 있는 이익구제설 ④ 적법성보장설로 견해가 대립되고 있으나 문자 그대로 법률상 보호되는 이익으로 보는 것이 일반적이다.

3. 법률상 이익이 있는 자

개별적 · 직접적 · 구체적 이익이 있는 자를 의미한다.

4. 甲의 법률상 이익 인정 여부

甲과 丙은 일방에 대한 허가는 타방에 대한 불허가로 귀결되는 경원자 관계에 속한다. 따라서 甲은 법률상 이익이 있는 자에 해당한다.

Ⅲ 협의의 청구이익

1. 개념

행정심판은 취소로 인해 구제가 현실적으로 실현될 수 있어야 한다. 따라서 협의의 청구이익이란 청구인적격에서 말하는 법률상 이익을 실제적으로 보호할 필요성을 말한다.

2. 甲의 협의의 청구이익 인정 여부

甲은 LPG 충전소 영업허가의 상대방인 1순위 사업자에 해당하는 경우가 아니다. 따라서 甲의 심판청구가 인용된다고 하더라도 LPG 충전소 영업허가의 대상이 아니다. 즉 갑은 협의의 청구이익이 없다.

Ⅳ 사안의 해결

甲은 행정심판에서의 협의의 청구이익을 인정할 수 없으므로 청구인적격이 없다.

문제 8

식품위생법 제75조는 유해식품을 판매한 자에 대해서는 영업허가를 취소하거나 6개월 이내의 기간을 정하여 그 영업의 전부 또는 일부를 정지하거나, 영업소의 폐쇄를 명할 수 있다고 규정하고 있다. 그런데 각 지역 간 제재처분의 불균형이 문제되자, 보건복지부는 보건복지부 시행규칙으로 제재처분의 기준을 정하였다. 보건복지부 시행규칙이 정하고 있는 제재처분기준에는 유해식품 판매금지 1회 위반에 대해서는 1월의 영업정지로 규정하고 2회 위반에 대해서는 3월의 영업정지로 규정하였다. A시의 시장 甲은 유해식품을 판매하다 처음 적발된 乙에 대하여 1월의 영업정지처분을 내렸다.
乙에 대한 영업정지처분에 대한 영업정지 기간이 지난 후 乙이 판매한 식품이 유해하지 않다고 판명되었다. 이에 乙은 영업정지처분의 취소심판의 청구인적격이 있는지에 대하여 논하시오. (40점)

2006 제50회 행정고시 변형

모범답안

I 논점의 정리

영업정지 기간이 지난 후이므로 심판청구의 실익이 있는지 여부와 가중적 제재규정이 시행규칙에 규정된 경우의 효력이 문제된다.

II 청구인적격

1. 개념

행정심판은 법률상 이익이 있는 자가 청구할 수 있다. 이는 직권조사사항으로 청구인적격이 없는 자의 심판청구는 부적법 각하된다.

2. 법률상 이익이 있는 자

(1) **법률의 범위**

법률은 근거법과 관련법까지 포함하는 의미이다.

(2) **법률상 이익의 의미**

① 권리구제설 ② 법률상 이익구제설 ③ 보호가치 있는 이익구제설 ④ 적법성보장설로 견해가 대립되고 있으나 문자 그대로 법률상 보호되는 이익으로 보는 것이 일반적이다.

(3) **법률상 이익이 있는 자**

개별적·직접적·구체적 이익이 있는 자를 의미한다.

III 협의의 청구이익

1. 협의의 청구이익

청구인적격에서 말하는 법률상 이익을 실제적으로 보호할 필요성을 말한다. 심판은 취소로 인해 구제가 현실적으로 실현될 수 있어야 권리보호의 필요가 존재한다.

2. 협의의 청구이익이 부정되는 경우

처분의 효력이 소멸한 경우, 원상회복이 불가능한 경우, 처분 후의 사정변경이 있는 경우는 원칙적으로 청구이익이 부정된다.

3. 행정심판법 제13조 제1항 단서

처분의 효과가 기간의 경과, 처분의 집행, 그 밖의 사유로 소멸된 뒤에도 그 처분의 취소로 인하여 회복되는 법률상 이익이 있는 경우에 청구이익을 인정하고 있다.

4. 영업정지기간 경과 후에 청구의 이익

처분의 효력이 소멸한 후에는 원칙적으로 협의의 청구이익은 인정되지 않는다. 다만 사안의 경우처럼 당해 처분의 존재가 장래의 가중적 제재 처분의 요건으로 되어있는 경우에는 그러한 불이익을 제거할 권리보호의 필요성이 인정되므로 예외적으로 청구의 이익이 있다고 본다.

5. 시행규칙에 규정된 가중적 제재 처분

제재적 행정처분의 가중사유나 전제조건에 관한 규정이 법령이 아니라 규칙의 형식으로 되어 있다고 하더라도, 관할 행정청이나 담당공무원은 이를 준수할 의무가 있으므로 이들이 그 규칙에 정해진 바에 따라 행정작용을 할 것이 당연히 예견된다. 따라서 상대방이 그 처분의 존재로 인하여 장래에 받을 불이익은 구체적이고 현실적인 것이므로 선행처분을 취소하여 그 불이익을 제거할 필요가 있다.

Ⅳ 사안의 해결

사안의 경우처럼 영업정지 기간을 이미 도과한 경우에는 청구이익이 부정됨이 원칙이나 가중적 제재처분의 사유가 되는 경우에는 예외적으로 심판제기의 필요성이 인정된다. 가중적 제재규정이 시행규칙에 규정된 경우에도 청구인적격을 가진다.

| 문제 9 | 甲은 음주 후 다른 사람의 주차를 원활히 하기 위해 125cc를 넘는 오토바이를 타고 도로상에서 약 10m 정도 운전을 하다가 때마침 순찰중인 교통경찰관의 음주단속에 의해 음주사실이 적발되어 甲이 가지고 있는 2종 소형 운전면허와 1종 대형, 보통면허의 취소처분을 받았다.
甲은 운전면허취소는 가족의 생계를 책임지고 있는 자신의 입장에서 너무 가혹하며, 오토바이와 관계없는 1종 대형, 보통면허의 취소처분은 부당하다고 주장한다. 甲이 행정심판 제기시 주장의 타당성에 대하여 검토하시오. (40점)

=== 모범답안 =========================

Ⅰ 논점의 제기

2종 소형 운전면허를 가진 사람만 운전할 수 있는 125cc를 넘는 오토바이는 1종 대형이나 보통면허 등을 갖고서는 운전할 수 없는 것이므로 오토바이를 음주운전한 사유만 가지고 1종 대형이나 보통면허를 취소한 것이 부당결부에 해당하는지 여부와 운전면허 취소처분이 비례의 원칙상 적합한 처분인지 여부를 살펴볼 필요가 있다.

Ⅱ 부당결부금지의 원칙

1. 의의 및 근거

행정청은 행정작용을 할 때 상대방에게 해당 행정작용과 실질적인 관련이 없는 의무를 부과해서는 아니 된다. 이는 행정기본법 제13조를 근거로 한다.

2. 요건

① 행정기관의 공권력 행사에 해당하며, ② 권한행사는 상대방의 반대급부와 결부되어 있어야 한다. 그리고 ③ 공권력 행사와 반대급부 사이에 실체적 관련성이 존재하지 않아야 한다.

3. 사안의 적용

甲의 1종 대형·보통 운전면허를 모두 취소하지 않는다면, 甲은 이들 운전면허로 배기량 125cc 이하 이륜자동차를 계속 운전할 수 있어 실질적으로는 아무런 불이익을 받지 않게 된다. 따라서 이륜자동차를 음주운전한 사유와 1종 대형이나 보통면허를 취소한 것은 실질적 관련성이 존재하므로 부당결부에 해당하지 않는다.

Ⅲ 비례의 원칙

1. 의의 및 근거

행정목적과 이를 실현하는 수단 사이에는 합리적인 비례관계가 있어야 한다. 행정기본법 제10조를 근거로 한다.

2. 내용

(1) 적합성의 원칙

행정작용은 행정목적을 달성하는 데 유효하고 적절하여야 한다. 사안에서 음주운전에 대한 운전면허취소처분은 음주운전으로 인한 위험방지목적에 적합한 수단이라고 평가되므로, 적합성의 원칙에는 위반되지 않는다.

(2) 필요성의 원칙

행정작용은 행정목적을 달성하는 데 필요한 최소한도에 그쳐야 한다. 즉 상대방에게 가장 적은 침해를 주는 수단을 택해야 한다는 원칙이다.
사안에서 음주운전으로 인한 위험을 방지하기 위한 면허취소나 정지와 같은 제재적 처분의 수단들은 법위반행위의 정도에 따라 차등적으로 부과하는 것이므로 필요성의 원칙에 위반한다고 볼 수 없다.

⑶ **상당성의 원칙**

　행정작용으로 인한 국민의 이익 침해가 그 행정작용이 의도하는 공익보다 크지 아니하여야 한다.
　음주운전에 대한 운전면허취소처분은 음주운전으로 인한 교통사고의 증가와 그 결과의 참혹성 등을 고려
할 때 음주운전으로 인한 교통사고를 방지할 공익상의 필요는 더욱 중시돼야 한다는 측면에서 상당성의
원칙에 위반되지 않는다.

Ⅳ 사안의 해결

운전면허의 취소에서는 일반적인 수익적 행정행위의 취소와는 달리 그 취소로 인해 입게 될 당사자의 불이익보
다는 이를 방지하는 일반 예방적 측면이 더욱 강조돼야 한다. 따라서 이륜자동차를 음주운전한 사유만으로 1종
대형과 보통면허를 모두 취소한 것은 타당한 처분으로 甲의 주장은 이유 없다 할 것이다.

| **문제 10** | 甲종교법인은 도시계획구역 내 생산녹지로 답인 토지에 대하여 토지거래계약의 허가를 받으면서 종교회관 건립이 이용목적임을 알리고 가능 여부에 대하여 질의하였다. 이에 담당공무원이 관련 법규상 종교회관 건립이 허용된다고 답변하였다. 이에 甲종교법인은 이를 신뢰하고 건축 준비를 진행하면서 토지형질변경허가를 신청하였다. 그러나 관할 지방자치단체장은 해당 토지는 우량농지로 보전할 필요성이 있다는 이유로 당해 토지에 대한 형질변경을 불허하였다. (40점)

물음 1) 甲종교법인은 담당공무원의 답변을 신뢰하여 이에 대한 불이익이 발생하였다는 이유로 관할 지방자치단체장의 형질변경 불허처분을 취소하는 행정심판을 청구하려고 한다. 甲종교법인의 주장이 타당한지 여부를 검토하시오. (30점)

물음 2) 관할 지방자치단체장의 형질변경 불허처분은 해당 토지 주위에 조성되어 있는 집단화된 농경지에 막대한 피해를 준다는 인근 주민 乙의 민원을 반영한 결과였다. 甲종교법인의 행정심판 청구에 인근 주민 乙이 어떠한 지위로 참가할 수 있는지를 설명하시오. (10점)

━━ **모범답안** ━━

물음 1) (30점)

Ⅰ 신뢰보호의 원칙

1. 의의 및 근거

행정청은 공익 또는 제3자의 이익을 현저히 해칠 우려가 있는 경우를 제외하고는 행정에 대한 국민의 정당하고 합리적인 신뢰를 보호하여야 한다. 행정기본법 제12조를 근거로 한다.

2. 성립요건

(1) 행정청의 개인에 대한 공적 견해표명

(2) 공적 견해표명에 대한 개인의 보호가치 있는 신뢰

(3) 신뢰로 인한 개인의 행위

(4) 공적 견해표명에 반하는 행정청의 처분

(5) 그 견해표명에 따른 처분을 할 경우 이로 인하여 공익 또는 제3자의 정당한 이익을 현저히 해할 우려가 있는 경우가 아니어야 한다.

Ⅱ 사안의 적용

본 사안의 경우 담당공무원에 의하여 토지 이용목적에 대하여 관련 법규상의 구체적·개별적인 검토를 거쳐 종교회관의 건립이 가능하다고 답변하였고, 그에 따라 甲종교법인은 종교회관 건축을 위한 토지형질변경이 당연히 가능하리라 귀책사유 없이 믿게 되었음을 알 수 있다. 나아가 이러한 믿음에서 건축 준비를 진행하였으며 형질변경 불허처분으로 인한 불이익이 불가피한 상황이다. 따라서 본인의 신뢰를 보호해 달라는 甲종교법인의 주장은 타당하다.

물음 2) (10점)

I 제3자의 심판 참가

심판청구의 결과에 대하여 이해관계가 있는 제3자 또는 행정청은 심판청구에 대한 위원회나 소위원회의 의결이 있기 전까지 이해관계인의 신청 또는 행정심판위원회의 직권에 의한 요청으로 그 사건에 참가할 수 있다.

II 사안의 경우

인근 주민 乙은 참가인으로서 행정심판절차에서 당사자가 할 수 있는 심판절차상의 행위를 할 수 있다.

│문제 11│ 유흥주점 영업허가를 받아 주점을 경영하는 갑은 청소년인 을을 유흥접객원으로 고용하여 유흥행위를 하게 하였다는 이유로 관할 행정청인 A로부터 위 유흥주점 영업허가를 취소하는 처분을 받았다. 갑은 이에 불복하여 행정심판을 제기하여 위 취소처분을 취소하는 재결을 선고받아 그 재결이 확정되었다. 다음의 경우 A의 처분의 위법 여부와 그 논거를 검토하시오. (40점) ^{2007 제49회 사법시험 변형}

물음 1) 위 확정재결은 을이 청소년임을 인정할 증거가 없다는 이유로 위 영업허가취소처분을 취소하는 것이었다. A는 위 재결 확정 후 을이 청소년임을 인정할 만한 증거가 새로이 발견되었다는 이유로 다시 위 영업허가를 취소하는 처분을 하였다.

물음 2) 위 확정재결은 영업허가취소처분이 갑에게는 지나치게 가혹하여 재량권을 일탈·남용하였다는 이유로 취소하는 것이었다. A는 위 재결 확정 후 새로이 갑에게 영업정지 3개월의 처분을 하였다.

물음 3) 위 확정재결은 을을 유흥접객원으로 고용하였다는 점을 인정할 증거가 없다는 이유로 위 영업허가취소처분을 취소하는 것이었다. A는 갑이 청소년 병을 유흥접객원으로 고용하여 유흥행위를 하게 한 사실이 있었다는 이유로 다시 위 영업허가를 취소하는 처분을 하였다.

물음 4) 위 확정재결은 A가 청문절차를 거치지 않았다는 점을 이유로 위 영업허가취소처분을 취소하는 것이었다. A는 위 재결 확정 후 청문절차를 거친 다음 다시 위 영업허가를 취소하는 처분을 하였다.

--- 모범답안 ---

I 문제의 소재

행정청 A의 처분은 재결 확정 후에 해당하므로 기속력에 관하여 검토해 보아야 한다.

II 기속력

1. 의의

인용재결시 재결의 취지에 따르도록 구속하는 효력을 말한다.

2. 내용

(1) 반복금지의무(소극적 의무)

동일한 상황 하에서 동일한 처분을 반복할 수는 없다.

(2) 재처분의무(적극적 의무)

행정청은 지체 없이 그 재결의 취지에 따른 처분을 하여야 한다.

(3) 결과제거의무

위법 또는 부당으로 판정된 처분에 의하여 초래된 상태를 제거해야 할 원상회복의무가 있다.

3. 범위

(1) 주관적 범위

기속력은 피청구인인 행정청과 그 밖의 관계 행정청에 미친다.

(2) 객관적 범위

① 내용상 위법

기속력은 재결의 주문 및 그 전제가 된 요건 사실의 인정과 판단에만 미친다. 따라서 재결에 의하여 취소된 처분과 다른 사유로 처분을 하는 것은 기속력에 저촉되지 않는다.
동일 사유인지 다른 사유인지는 재결에서 판단된 사유와 기본적 사실관계의 동일성이 인정되는지 여부에 따라 판단한다.

② 절차나 형식의 위법

　행정청이 재결에 의해 적시된 절차나 형식의 위법사유를 보완한 경우에는 다시 동일한 내용의 처분을 하더라도 기속력에 반하지 않는다.

(3) 시간적 범위

　기속력은 처분 당시를 기준으로 그 당시까지 존재하였던 처분사유에만 미치고 그 이후에 생긴 사유에는 미치지 않는다.

4. 위반의 효력

　기속력을 위반한 처분은 무효이다.

Ⅲ 사안의 해결

물음 1)

을이 청소년임을 인정할 만한 증거가 영업허가취소처분취소의 확정재결 후 발견되었지만, 이는 처분시에 존재하였던 사정이므로 처분 이후의 새로운 사정이라고 할 수 없다. 따라서 을이 청소년임을 인정할 만한 증거가 발견되었다는 이유로 동일한 내용의 영업허가취소처분을 발령하는 것은 기속력에 반하는 위법한 처분이다.

물음 2)

설문의 경우 영업허가취소처분이 갑에게 지나치게 가혹하여 재량권을 일탈·남용하였다는 이유로 영업허가취소처분이 취소되었다면 그 확정재결 후 갑에 대한 3월의 영업정지처분은 반복금지의무에 위반되는 처분으로 볼 수 없다. 따라서 영업정지처분은 적법하다. 다만 3월의 영업정지처분이 다시 비례의 원칙 등에 위반되는지 여부는 별개의 문제이다.

물음 3)

청소년 을을 유흥접객원으로 고용하였다는 점과 청소년 병을 유흥접객원으로 고용하여 유흥 행위를 하게 한 사실은 기본적 사실관계를 달리하는 것이므로 행정청 A의 영업허가취소처분은 반복금지의무에 위반되지 않아 적법하다.

물음 4)

사안의 경우 청문절차를 거친 후 행정청이 동일한 내용의 처분을 하는 것은 기속력에 반하지 않는다.

| 문제 12 | 행정안전부장관은 행정사 甲이 업무신고확인증을 다른 사람에게 양도하였다는 이유로 甲의 행정사 자격을 취소하였다. 이에 행정사 甲은 자격 처분 취소에 필요한 청문 절차를 거치지 않았다는 이유로 행정심판을 청구하였다. (40점)

물음 1) 행정사 甲이 청구한 행정심판은 어느 행정심판위원회의 관할에 속하는지 설명하시오. (10점)

물음 2) 행정사 甲이 청구한 행정심판은 처분 절차상의 하자가 있다는 취지의 인용재결이 확정되었다. 이후 행정안전부장관이 동일한 사유로 청문절차를 거쳐 행정사 자격취소처분을 하였다. 이 처분의 적법성을 검토하시오. (30점)

═══ 모범답안 ═══

물음 1) (10점)

Ⅰ 행정심판위원회의 종류

해당 행정청 소속 행정심판위원회, 중앙행정심판위원회, 직근 상급기관 소속 행정심판위원회, 광역지방자치단체장 소속 행정심판위원회, 개별법상 특별행정기관 등이 있다.

Ⅱ 사안의 적용

甲은 행정안전부장관의 행정사 자격 취소처분을 대상으로 행정심판을 청구하는 것이므로 중앙행정심판위원회가 심판을 관할한다.

물음 2) (30점)

Ⅰ 문제의 소재

甲이 행정심판에서 인용재결을 받았음에도 행정안전부장관이 동일한 자격취소처분을 하였다면 그 처분의 기속력 위반 여부에 대하여 검토해 보아야 한다.

Ⅱ 기속력

1. 의의

   인용재결시 재결의 취지에 따르도록 구속하는 효력을 말한다.

2. 내용

   (1) **반복금지의무(소극적 의무)**

   　동일한 상황하에서 동일한 처분을 반복할 수는 없다.

   (2) **재처분의무(적극적 의무)**

   　행정청은 지체 없이 그 재결의 취지에 따른 처분을 하여야 한다.

   (3) **결과제거의무**

   　위법 또는 부당으로 판정된 처분에 의하여 초래된 상태를 제거해야 할 원상회복의무가 있다.

3. 범위

(1) **주관적 범위**

기속력은 피청구인인 행정청과 그 밖의 관계 행정청에 미친다.

(2) **객관적 범위**

행정청이 재결에 의해 적시된 절차나 형식의 위법사유를 보완한 경우에는 다시 동일한 내용의 처분을 하더라도 기속력에 반하지 않는다.

(3) **시간적 범위**

기속력은 처분 당시를 기준으로 그 당시까지 존재하였던 처분사유에만 미치고 그 이후에 생긴 사유에는 미치지 않는다.

4. 위반의 효력

기속력을 위반한 처분은 무효이다.

Ⅲ 사안의 해결

행정안전부장관이 재차 내린 자격취소처분은 재결의 취지에 따라 청문 절차를 이행했기 때문에 재처분의무에서 발생하는 적법한 처분이다.

| 문제 13 | 甲은 위치정보의 보호 및 이용 등에 관한 법률에 의한 위치정보사업을 하기 위하여 위치정보사업 허가신청서에 관련 서류를 첨부하여 방송통신위원회에 허가신청을 하였다. 방송통신위원회는 甲의 위치정보사업 관련 계획을 종합심사한 후에 설비규모의 적정성이 허가기준에 미달되었음을 이유로 이를 거부하였다. 이에 甲은 허가신청 거부에 대한 행정심판을 제기하였고 甲의 심판청구를 인용하는 행정심판위원회의 재결이 확정되었다. 그 후에 방송통신위원회가 甲이 최초 제시한 사업계획을 바탕으로 선량한 사회풍속을 저해하는 등 사업계획의 타당성이 없다는 이유로 다시 허가신청을 거부하였다. 거부처분의 적법성 여부를 판단하시오. (40점) 2012 제56회 행정고시 변형

=== 모범답안 ===

Ⅰ 문제의 소재

방송통신위원회의 거부처분에 대한 행정심판에서 인용재결을 받았음에도 방송통신위원회가 다시 허가를 거부하였다면 이 허가거부처분이 기속력에 위반되는 것은 아닌지에 대하여 검토해 보아야 한다.

Ⅱ 기속력

1. 의의
인용재결시 재결의 취지에 따르도록 구속하는 효력을 말한다.

2. 내용

(1) 반복금지의무(소극적 의무)
동일한 상황하에서 동일한 처분을 반복할 수는 없다.

(2) 재처분의무(적극적 의무)
행정청은 지체 없이 그 재결의 취지에 따른 처분을 하여야 한다.

(3) 결과제거의무
위법 또는 부당으로 판정된 처분에 의하여 초래된 상태를 제거해야 할 원상회복의무가 있다.

3. 범위

(1) 주관적 범위
기속력은 피청구인인 행정청과 그 밖의 관계 행정청에 미친다.

(2) 객관적 범위
기속력은 재결의 주문 및 그 전제가 된 요건 사실의 인정과 판단에만 미친다. 따라서 재결에 의하여 취소된 처분과 다른 사유로 처분을 하는 것은 기속력에 저촉되지 않는다.
동일 사유인지 다른 사유인지는 재결에서 판단된 사유와 기본적 사실관계의 동일성이 인정되는지 여부에 따라 판단한다.

(3) 시간적 범위
기속력은 처분 당시를 기준으로 그 당시까지 존재하였던 처분사유에만 미치고 그 이후에 생긴 사유에는 미치지 않는다.

4. 위반의 효력
기속력을 위반한 처분은 무효이다.

Ⅲ 사안의 검토

1. 기속력의 내용

당사자의 신청을 거부한 처분에 대한 인용재결이 있는 경우에는 행정청은 지체 없이 그 재결의 취지에 따라 다시 이전의 신청에 대한 처분을 하여야 한다. 이때 재처분의무는 신청인의 신청에 대한 만족할 만한 처분을 의미하는 것은 아니다. 따라서 행정청은 기속력의 범위에서 위반하지 않을 재결의 취지에 따른 재처분을 할 수 있다.

2. 기속력의 범위

(1) 허가거부처분과 확정재결 후의 허가거부처분의 주체는 방송통신위원회로 같다.

(2) **시간적 범위**

사업계획의 타당성 판단이 최초 제시한 사업계획서를 바탕으로 이루어졌다는 측면에서 1차 허가거부처분 시에 존재하였던 사정이다.

(3) **객관적 범위**

1차 허가거부처분의 사유와 재거부처분의 사유가 기본적 사실관계 동일성이 인정된다면 재거부처분은 기속력 위반이다. 그러나 설비규모의 미달과 사회풍속 저하라는 사업계획상의 부당성은 기본적 사실관계의 동일성이 인정되지 않는다.

Ⅳ 사안의 해결

방송통신위원회가 재차 내린 거부처분은 최초 거부처분과 기본적 사실관계의 동일성이 없으므로 적법한 처분이다.

| 문제 14 | 甲은 주택을 소유하고 있었는데 그 지역이 한국토지주택공사가 시행하는 주택건설사업의 사업시행지구로 편입되면서 甲의 주택도 수용되었다. 사업시행자인 한국토지주택공사는 공익사업을 위한 토지 등의 취득 및 보상에 관한 법률 제78조에 따라 이주대책의 일환으로 주택특별공급을 실시하기로 하였다. 그 후 甲은 주택공급에 관한 규칙 제19조 제1항 제3호 규정에 따라 A아파트입주권을 특별 분양하여 줄 것을 신청하였다. 그런데 한국토지주택공사는 甲이 A아파트의 입주자모집 공고일을 기준으로 무주택 세대주가 아니어서 대상자에 해당되지 않는다는 이유로 특별분양신청을 거부하였다.

2012 제54회 사법시험 변형

물음 1) 甲은 한국토지주택공사를 상대로 행정심판을 청구하려고 한다. 행정심판청구의 적법성 여부에 대하여 검토하시오. (40점)

물음 2) 甲이 특별분양신청 거부에 대하여 행정심판법상의 권리구제 수단에 대하여 검토하시오. (20점)

물음 3) 행정심판에서 甲의 주장이 이유 있다는 결정이 나왔음에도 토지주택공사가 甲의 신청을 여전히 거부하고 있다. 이 경우 행정심판위원회의 결정에 대한 실효성 확보 수단에 대하여 검토하시오. (20점)

물음 4) 취소심판의 계속 중에 입주자 모집 공고일 당시 무주택 세대주였다는 甲의 주장이 사실로 인정되어 거부처분의 취소가 확정되었다. 위원회의 재결확정 후 한국토지주택공사가 甲의 주택이 무허가주택임을 이유로 특별분양신청을 재차 거부할 수 있는지 여부를 검토하시오. (20점)

─── **모범답안** ───

물음 1) (40점)

Ⅰ 문제의 소재

행정심판청구가 적법하기 위해서는 다른 법률에 특별한 규정이 없을 것, 행정심판의 대상으로서 처분이나 부작위에 대한 청구일 것, 청구인적격이 있을 것, 심판청구의 현실적 필요성이 있을 것, 피청구인을 상대로 청구기간 내의 청구일 것, 재심판청구가 아닐 것 등이 요구된다.
본 사안에서 행정심판청구의 적법성과 관련하여 대상적격, 청구인적격, 피청구인적격에 대하여 살펴보아야 할 것이다.

Ⅱ 행정심판청구의 적법성

1. 대상적격

(1) 행정심판 대상

행정심판은 처분과 부작위를 대상으로 한다. 처분이란 행정청이 행하는 구체적 사실에 관한 법집행으로서의 공권력의 행사 또는 그 거부, 그 밖에 이에 준하는 행정작용을 의미한다.

(2) 거부처분의 성립요건

거부행위가 처분이 되기 위해서는 ① 신청의 내용이 공권력의 행사 또는 이에 준하는 행정작용이어야 하고 ② 신청인의 법률관계에 직접 영향을 미치는 것이어야 하며 ③ 신청인에게 특정행위를 요구할 수 있는 법규상 또는 조리상 신청권이 있어야만 한다.
신청권 여부는 관계 법규의 해석에 의해 일반 국민에게 신청권을 인정하고 있는지 여부를 추상적으로 결정한다.

(3) 사안의 적용

특별분양은 한국토지주택공사가 행하는 구체적 사실이며, 공익사업을 위한 토지 등의 취득 및 보상에 관한 법률 등의 집행행위로 공권력 행사에 해당한다.

이주대책의 일환인 주택특별공급의 거부는 국민의 권리나 법적 이익에 당연히 영향을 미치는 사실이며, 주택공급에 관한 규칙상 甲에게 신청권이 인정된다. 따라서 한국토지주택공사의 특별분양신청거부는 행정심판의 대상인 거부처분에 해당한다.

2. 청구인적격

(1) 개념

행정심판은 법률상 이익이 있는 자가 청구할 수 있다. 이는 직권조사사항으로 청구인적격이 없는 자의 심판청구는 부적법 각하된다.

(2) 법률상 이익이 있는 자

근거법과 관련법에서 법률상 보호되는 개별적·직접적·구체적 이익이 있는 자를 의미한다.

(3) 사안의 적용

특별분양신청거부처분의 근거 법규인 공익사업을 위한 토지 등의 취득 및 보상에 관한 법률 제78조가 사업시행자인 한국토지주택공사에게 의무를 인정하고 있고, 동 조항은 사익을 보호하기 위한 목적이라고 보이므로 甲은 특별분양신청거부의 취소를 구할 법률상 이익이 인정된다.

3. 피청구인적격

(1) 피청구인

행정심판은 처분을 한 행정청을 피청구인으로 하여 청구하여야 한다.

행정청이란 의사나 판단을 결정하여 외부에 표시할 수 있는 권한을 가지는 행정기관을 의미한다. 권한의 위임 또는 위탁이 있을 시에는 수임청 또는 수탁청이 행정청이 되며 권한이 다른 행정청에 승계된 때에는 그 권한을 승계한 행정청이 처분청 또는 부작위청이 된다.

(2) 사안의 적용

한국토지주택공사는 공익사업을 위한 토지 등의 취득 및 보상에 관한 법률에 따른 사업시행자이기 때문에 행정심판법 제2조 행정권한을 위임·위탁받은 공공단체에 해당한다. 따라서 甲이 한국토지주택공사를 피청구인으로 하여 거부처분취소심판을 제기하는 것은 타당하다.

Ⅲ 사안의 해결

법률상 이익이 있는 甲이 한국토지주택공사을 피청구인으로 거부처분에 대한 행정심판을 제기하는 것은 적법하다.

물음 2) (20점)

I 행정심판

1. 의무이행심판

의무이행심판이란 당사자의 신청에 대한 행정청의 위법 또는 부당한 거부처분이나 부작위에 대하여 일정한 처분을 하도록 하는 행정심판을 말한다.

2. 거부처분취소심판

행정심판법은 재결에 의하여 취소되거나 무효 또는 부존재로 확인되는 처분이 당사자의 신청을 거부하는 것을 내용으로 하는 경우에는 그 처분을 한 행정청은 재결의 취지에 따라 다시 이전의 신청에 대한 처분을 하여야 한다고 규정함으로써 입법적으로 거부처분취소심판을 인정하고 있다.

II 가구제

1. 집행정지

거부처분의 경우 처분의 효력, 처분의 집행 또는 절차 속행의 전부 또는 일부의 정지를 잠정적으로 결정한다고 하여 당사자등이 원하는 처분이 인정되는 것이 아니라는 점에서 집행정지의 실효성이 없다.

2. 임시처분

임시처분이란 처분 또는 부작위 때문에 당사자가 받을 우려가 있는 중대한 불이익이나 당사자에게 생길 급박한 위험을 막기 위하여 임시지위를 정해야 할 필요가 있는 경우 행정심판위원회가 발하는 가구제 수단을 말한다.
임시처분은 소극적 현상 유지 기능만 있는 집행정지 제도의 한계를 해소하고 청구인의 권리를 더욱 두텁게 보호하려는 데 취지가 있으며 집행정지로 목적을 달성할 수 없을 때 보충적으로 허용된다.

물음 3) (20점)

I 의무이행심판

의무이행심판으로 처분명령재결이 있는 경우 피청구인은 재결의 취지에 따라 이전의 신청에 대한 처분을 해야 한다. 따라서 위원회는 피청구인이 처분을 하지 아니하는 경우에는 당사자가 신청하면 기간을 정하여 서면으로 시정을 명하고 그 기간에 이행하지 아니하면 직접처분을 할 수 있으며, 청구인의 신청에 의하여 결정으로 상당한 기간을 정하고 피청구인이 그 기간 내에 이행하지 아니하는 경우에는 간접강제로서 그 지연기간에 따라 일정한 배상을 하도록 명하거나 즉시 배상을 할 것을 명할 수 있다.

II 거부처분취소심판

거부처분취소심판으로 거부처분이 취소된 경우 피청구인은 재결의 취지에 따라 이전의 신청에 대한 처분을 해야 한다.
행정심판 인용재결에 따른 행정청의 재처분의무에도 불구하고 행정청이 인용재결에 따른 처분을 하지 아니하면 행정심판위원회는 당사자의 신청에 의하여 결정으로 상당한 기간을 정하고, 행정청이 그 기간 내에 이행하지 아니하는 경우에는 지연기간에 따라 일정한 배상을 하도록 명하거나 즉시 배상을 할 것을 명할 수 있다.

물음 4) (20점)

I 논점의 정리

한국토지주택공사가 재차 거부처분을 할 수 있는지는 재결의 기속력과 관련된 문제이다.

II 기속력

1. 의의

인용재결시 재결의 취지에 따르도록 구속하는 효력을 말한다.

2. 기속력의 내용

(1) 반복금지의무(소극적 의무)

동일한 상황하에서 동일한 처분을 반복할 수는 없다.

(2) 재처분의무(적극적 의무)

행정청은 지체 없이 그 재결의 취지에 따른 처분을 하여야 한다.

(3) 결과제거의무

위법 또는 부당으로 판정된 처분에 의하여 초래된 상태를 제거해야 할 원상회복의무가 있다.

3. 기속력의 범위

(1) 주관적 범위

기속력은 피청구인인 행정청과 그 밖의 관계 행정청에 미친다.

(2) 객관적 범위

기속력은 재결의 주문 및 그 전제가 된 요건 사실의 인정과 판단에만 미친다. 따라서 재결에 의하여 취소된 처분과 다른 사유로 처분을 하는 것은 기속력에 저촉되지 않는다.

동일 사유인지 다른 사유인지는 재결에서 판단된 사유와 기본적 사실관계의 동일성이 인정되는지 여부에 따라 판단한다.

(3) 시간적 범위

기속력은 처분 당시를 기준으로 그 당시까지 존재하였던 처분사유에만 미치고 그 이후에 생긴 사유에는 미치지 않는다.

4. 기속력 위반의 효력

기속력을 위반한 처분은 무효이다.

III 사안의 해결

특별분양신청거부처분과 확정재결 후의 거부처분의 주체는 한국토지주택공사로 같다. 또한 재거부사유인 甲의 주택이 무허가주택이었기 때문에 甲은 특별분양 대상자에 해당되지 않는다는 사정도 최초 특별분양신청거부처분 시에 존재하였다고 볼 수 있다.

그러나 무주택 세대주가 아니라는 최초의 처분사유와 甲의 주택이 무허가주택이었기 때문에 甲은 특별분양 대상자에 해당되지 않는다는 재거부사유는 내용이 공통되거나 취지가 유사하지 않아 기본적 사실관계의 동일성이 인정되지 않는다. 따라서 한국토지주택공사는 재거부처분은 기속력 위반에 해당하지 않으므로 적법하다.

행정사
이준희 행정사실무법

행정사법

01 행정사의 업무

1. 행정사의 업무 범위

1) 행정기관에 제출하는 서류를 작성한다.

(1) 진정·건의·질의·청원 및 이의신청에 관한 서류

(2) 가족관계의 발생 및 변동 사항에 관한 신고 등의 각종 서류

2) 권리·의무나 사실증명에 관한 서류를 작성한다.

(1) 각종 계약·협약·확약 및 청구 등 거래에 관한 서류

(2) 그 밖에 권리관계에 관한 각종 서류 또는 일정한 사실관계가 존재함을 증명하는 각종 서류

3) 행정기관의 업무에 관련된 서류를 번역한다.

4) 다른 사람의 위임에 따라 작성하거나 번역한 서류를 행정기관 등에 제출한다.

5) 다른 사람의 위임을 받아 인가·허가·면허 및 승인의 신청·청구 등 행정기관에 일정한 행위를 요구하거나 신고하는 일을 대리한다.

6) 행정 관계 법령 및 행정에 대한 상담 또는 자문한다.

7) 법령에 따라 위탁받은 사무의 사실을 조사하거나 확인하고 그 결과를 서면으로 작성하여 위탁한 사람에게 제출한다.

2. 행정사가 아닌 사람에 대한 금지사항

행정사가 아닌 사람은 다른 법률에 따라 허용되는 경우를 제외하고는 행정사의 업무를 업으로 하지 못한다.

3. 벌칙 부과

다른 법률에 따라 허용되는 경우를 제외하고 행정사가 아닌 사람이 행정사의 업무를 업으로 한 사람은 3년 이하의 징역 또는 3천만 원 이하의 벌금을 부과한다.

02 행정사의 자격과 결격사유

1. 행정사의 자격

행정사 자격시험에 합격한 사람은 행정사 자격이 있다.

2. 결격사유

1) 피성년후견인 또는 피한정후견인

2) 파산선고를 받고 복권되지 아니한 사람

3) 금고 이상의 실형을 선고받고 그 집행이 끝나거나 집행이 면제된 날부터 3년이 지나지 아니한 사람

4) 금고 이상의 형의 집행유예를 선고받고 그 유예기간이 끝난 날부터 2년이 지나지 아니한 사람

5) 금고 이상의 형의 선고유예를 받고 그 유예기간에 있는 사람

6) 공무원으로서 징계처분에 따라 파면되거나 해임된 후 3년이 지나지 아니한 사람

7) 행정사법에 따라 행정사 자격이 취소된 후 3년이 지나지 아니한 사람

03 행정사의 업무신고

1. 업무신고

행정사 자격이 있는 사람이 행정사로서 업무를 하려면 주된 사무소의 소재지를 관할하는 시장 등에게 행정사업무신고 기준을 갖추어 신고하여야 한다. 신고한 사항을 변경할 때도 또한 같다.

2. 업무신고의 기준

1) 결격사유에 해당하지 않을 것

2) 실무교육을 이수했을 것

3) 행정사 자격증이 있을 것

4) 대한행정사회에 가입했을 것

3. 업무신고의 수리거부

시장 등은 업무신고 기준을 갖추지 아니한 경우에는 업무신고의 수리를 거부할 수 있다. 이 경우 지체 없이 행정사업무신고의 수리거부 사실 및 그 사유를 당사자에게 알려야 한다.

4. 수리간주

시장 등이 업무신고를 받은 날부터 3개월이 지날 때까지 행정사업무신고확인증을 발급하지 아니하거나 행정사업무신고의 수리거부통지를 하지 아니하면 3개월이 되는 날의 다음날에 행정사업무신고가 수리된 것으로 본다.

5. 이의신청

행정사업무신고의 수리가 거부된 사람은 그 통지를 받은 날부터 3개월 이내에 행정사 업무신고의 수리거부에 대한 불복의 이유를 밝혀 시장 등에게 이의신청을 할 수 있다.
시장 등은 이의신청이 이유 있다고 인정하면 신고확인증을 발급하여야 한다.

6. 벌칙

업무신고를 하지 아니하고 행정사 업무를 한 자는 1년 이하의 징역 또는 1천만 원 이하의 벌금에 처한다.

04 업무신고확인증

1. 신고확인증의 발급

1) 시장 등은 행정사업무신고를 받은 때에는 그 내용을 확인한 후 신고확인증을 행정사에게 발급하여야 한다.

2) 신고확인증을 발급받은 사람은 신고확인증을 잃어버리거나 못쓰게 된 경우에는 시장 등에게 재발급을 신청할 수 있다.

2. 신고확인증의 대여 등의 금지

1) 행정사는 다른 사람에게 신고확인증을 대여하여서는 아니 된다.

2) 누구든지 다른 사람의 신고확인증을 대여받아 사용하여서는 아니 된다.

3) 누구든지 신고확인증의 대여를 알선하여서는 아니 된다.

3. 자격의 취소

행정안전부장관은 행정사가 신고확인증을 양도하거나 대여한 경우 그 자격을 취소하여야 하며, 자격을 취소하려는 경우에는 청문을 하여야 한다.

4. 벌칙

신고확인증을 다른 사람에게 양도하거나 대여한 행정사와 이를 양도받거나 대여받은 사람은 3년 이하의 징역 또는 3천만 원 이하의 벌금을 부과한다. 이 경우 양벌규정이 적용되어 행정사의 사무직원이 위반행위를 하면 그 행위자를 벌하는 외에 그 행정사에게도 벌금형을 과한다. 다만, 행정사가 그 위반행위를 방지하기 위하여 해당 업무에 관하여 상당한 주의와 감독을 게을리하지 아니한 경우에는 그러하지 아니하다.

05 행정사의 사무소 설치

1. 사무소의 설치

1) 원칙

행정사는 행정사 업무를 하기 위한 사무소를 하나만 설치할 수 있다.

2) 합동사무소

행정사는 그 업무를 효율적으로 수행하고 공신력을 높이기 위하여 2명 이상의 행정사로 구성된 합동사무소를 설치할 수 있으며, 행정사합동사무소를 구성하는 행정사의 수를 넘지 아니하는 범위에서 주사무소와 분사무소를 설치할 수 있다. 이 경우 주사무소와 분사무소에는 행정사합동사무소를 구성하는 행정사가 각각 1명 이상 상근하여야 한다. 법인의 경우 법인구성원이 상근하여야 한다.

3) 법인

법인은 법인구성원의 수를 넘지 아니하는 범위에서 주사무소와 분사무소를 설치할 수 있다. 이 경우 주사무소와 분사무소에는 각각 1명 이상의 법인구성원이 상근하여야 한다.
법인의 소속행정사 및 법인구성원은 그 행정사법인의 사무소 외에 따로 사무소를 둘 수 없다.

2. 사무소의 이전

1) 이전신고

행정사가 사무소를 이전한 때에는 10일 이내에 이전 후의 사무소 소재지를 관할하는 시장 등에게 신고하여야 한다. 사무소 이전신고 의무위반 시 100만 원 이하의 과태료가 부과된다.

2) 신고확인증

이전신고를 받은 시장 등은 이전신고한 행정사에게 신고확인증을 발급하여야 하며, 종전의 사무소 소재지를 관할하는 시장 등에게 사무소의 이전 사실을 통지하여야 한다.

3) 행정처분

신고 전에 발생한 사유로 인한 행정사에 대한 행정처분은 이전신고를 받은 시장 등이 행한다.

3. 사무소의 명칭

1) 표시의무

행정사는 그 사무소의 종류별로 사무소의 명칭 중에 행정사사무소 또는 행정사합동사무소라는 글자를 사용하고, 행정사합동사무소의 분사무소에는 그 분사무소임을 표시하여야 한다.

2) 제한

행정사가 아닌 사람은 행정사사무소 또는 이와 비슷한 명칭을 사용하지 못하며, 행정사합동사무소나 그 분사무소가 아니면 행정사합동사무소나 그 분사무소 또는 이와 비슷한 명칭을 사용하지 못한다.

3) 과태료

행정사 또는 이와 비슷한 명칭을 사용한 자와 행정사사무소, 행정사합동사무소 또는 그 분사무소나 행정사법인 또는 그 분사무소와 비슷한 명칭을 사용한 자에게는 500만 원 이하의 과태료가 부과된다.

4. 업무정지사유

행정사가 행정사 업무를 위해 하나의 사무소만 설치할 수 있다는 규정을 위반한 경우와 행정사합동사무소를 구성하는 행정사 또는 법인구성원이 상근하지 아니한 경우, 그리고 법인의 소속행정사 및 법인구성원이 그 행정사법인의 사무소 외에 따로 사무소를 둔 경우에는 행정사 사무소의 소재지를 관할하는 시장 등은 6개월의 범위에서 기간을 정하여 업무의 정지를 명할 수 있다. 업무정지처분을 받고 그 업무정지 기간에 행정사 업무를 한 경우 행정사 자격이 취소되며, 1년 이하의 징역 또는 1천만 원 이하의 벌금에 처한다.

06 폐업신고 · 휴업신고

1. 폐업신고

1) 신고 주체

행정사가 폐업한 경우에는 본인이, 사망한 경우에는 가족이나 동거인 또는 그 사무직원이 지체 없이 그 사실을 시장 등에게 신고하여야 한다. 폐업한 행정사가 업무를 다시 시작할 때에도 또한 같다.

2) 폐업 간주

휴업한 행정사가 2년이 지나도 업무를 다시 시작하지 아니하는 경우에는 폐업한 것으로 본다.

2. 행정사의 휴업신고 · 업무재개신고

1) 신고의무

행정사가 3개월이 넘도록 휴업(업무신고를 하고 업무를 시작하지 아니하는 경우를 포함한다)하거나 휴업한 행정사가 업무를 다시 시작하려면 시장 등에게 신고하여야 한다.

2) 신고 수리

시장 등은 업무재개신고를 받은 날부터 15일 이내에 신고수리 여부를 신고인에게 통지하여야 한다. 시장 등이 15일 이내에 신고수리 여부를 통지하지 아니하면 그 기간이 끝난 날의 다음 날에 신고를 수리한 것으로 본다.

3) 업무정지사유

행정사가 휴업신고를 하지 아니한 경우 시장 등은 6개월의 범위에서 기간을 정하여 업무의 정지를 명할 수 있다. 업무정지처분을 받고 그 업무정지 기간에 행정사 업무를 한 경우 행정사 자격이 취소되며, 1년 이하의 징역 또는 1천만 원 이하의 벌금에 처한다.

07 행정사의 권리

1. 보수

1) 행정사는 업무를 위임한 자로부터 보수를 받는다.

2) 행정사와 그 사무직원은 업무에 관하여 보수 외에 어떠한 명목으로도 위임인으로부터 금전 또는 재산상의 이익이나 그 밖의 반대급부를 받지 못한다.

3) 행정사와 그 사무직원이 업무에 관하여 따로 보수 외에 금전 또는 재산상 이익이나 그 밖의 반대급부를 받은 경우 6개월의 범위에서 기간을 정하여 업무의 정지를 명할 수 있으며, 100만 원 이하의 벌금에 처한다.

2. 증명서 발급

1) 행정사는 업무에 관련된 사실의 확인증명서를 발급할 수 있다.

2) 외국어번역행정사는 그가 번역한 번역문에 대하여 번역확인증명서를 발급할 수 있다.

3) 증명서 발급 범위는 자신이 행한 업무에 관련된 사실과 자신이 번역한 번역문으로 한정한다.

3. 사무직원

1) 행정사는 사무직원을 둘 수 있으며, 소속 사무직원을 지도·감독할 책임이 있다.

2) 사무직원의 직무상 행위는 그를 고용한 행정사의 행위로 본다.

○8 행정사의 의무와 책임

1. 성실수행의무

행정사는 품위를 유지하고 신의와 성실로써 공정하게 직무를 수행하여야 한다.

2. 수임제한

공무원직에 있다가 퇴직한 행정사는 퇴직 1년 전부터 퇴직할 때까지 근무한 행정기관에 대한 인가·허가 및 면허 등을 받기 위하여 행정기관에 하는 신청·청구 및 신고 등의 대리 업무를 퇴직한 날부터 1년 동안 수임할 수 없다. 이러한 수임제한은 행정사법인의 법인구성원 또는 소속행정사로 지정되는 경우를 포함한다.

이를 위반 시 1년 이하의 징역 또는 1천만 원 이하의 벌금에 처한다.

3. 금지행위[2]

1) 정당한 사유 없이 업무에 관한 위임을 거부하는 행위

2) 당사자 중 어느 한 쪽의 위임을 받아 취급하는 업무에 관하여 이해관계를 달리하는 상대방으로부터 같은 업무를 위임받는 행위(다만, 당사자 양쪽이 동의한 경우는 제외)

3) 행정사의 업무 범위를 벗어나서 타인의 소송이나 그 밖의 권리관계분쟁 또는 민원사무처리과정에 개입하는 행위

4) 업무수임 또는 수행 과정에서 관련 공무원과의 연고 등 사적인 관계를 드러내며 영향력을 미칠 수 있는 것으로 선전하는 행위

5) 행정사의 업무에 관하여 거짓된 내용을 표시하거나 객관적 사실을 과장 또는 누락하여 소비자를 오도하거나 오해를 불러일으킬 우려가 있는 내용을 광고하는 행위

6) 행정사 업무의 알선을 업으로 하는 자를 이용하거나 그 밖의 부당한 방법으로 행정사 업무의 위임을 유치하는 행위

---

2 금지행위 벌칙
1년 이하의 징역 또는 1천만 원 이하의 벌금: 4), 5)
100만 원 이하 벌금: 1), 2), 3), 6)

4. 비밀엄수

행정사 또는 행정사였던 사람(행정사의 사무직원 또는 사무직원이었던 사람을 포함한다)은 정당한 사유 없이 직무상 알게 된 사실을 다른 사람에게 누설하여서는 아니 된다. 이를 위반 시 1년 이하의 징역 또는 1천만 원 이하의 벌금에 처한다.

5. 업무처리부 작성

1) 작성·보관의무

행정사는 업무를 위임받으면 업무처리부를 작성하여 1년간 보관하여야 한다.

2) 업무처리부의 내용

⑴ 일련번호

⑵ 위임받은 연월일

⑶ 위임받은 업무의 개요

⑷ 보수액

⑸ 위임인의 주소와 성명

⑹ 그 밖에 위임받은 업무의 처리에 필요한 사항

3) 과태료

업무처리부를 작성하지 아니하거나 거짓으로 작성한 자에게는 100만 원 이하의 과태료를 부과한다.

6. 행정사의 교육

1) 실무교육

행정사 자격이 있는 사람이 행정사 업무를 시작하려면 행정안전부장관이 시행하는 실무교육을 받아야 한다. 실무교육은 기본소양교육과 실무수습교육으로 구분되며, 기본소양교육은 20시간 실시하며, 실무수습교육은 40시간 실시한다.

2) 연수교육

(1) 행정사의 사무소(행정사합동사무소 또는 행정사법인의 경우에는 주사무소를 말한다)의 소재지를 관할하는 특별시장·광역시장·특별자치시장·도지사·특별자치도지사는 행정사의 자질과 업무수행능력 향상을 위하여 직접 또는 대통령령으로 정하는 기관·단체 등에 위탁하여 행정사에 대한 연수교육을 실시하여야 한다.

(2) 행정사는 전문성과 윤리의식을 높이기 위하여 행정사업무신고확인증 또는 법인업무신고확인증을 발급받은 날(소속행정사의 경우 고용을 신고한 날)부터 2년마다 16시간의 연수교육을 받아야 한다. 연수교육을 받지 아니하고 행정사 업무를 수행한 사람은 100만 원 이하의 과태료를 부과한다.

행정사법인

1. 구성

3명 이상의 행정사를 구성원으로 하는 행정사법인을 설립할 수 있다. 행정사법인이 법인구성원에 관한 요건을 갖추지 못하게 된 경우에는 6개월 이내에 이를 보충하여야 한다.

2. 정관

행정사법인의 구성원이 될 행정사가 정관을 작성하여 행정안전부장관의 설립인가를 받아야 한다.

3. 성립

주사무소의 소재지에서 설립등기를 함으로써 성립한다.

4. 업무신고

1) 법인업무신고

행정사법인이 행정사 업무를 하려면 주사무소의 소재지를 관할하는 시장 등에게 행정사법인업무신고 기준을 갖추어 신고(법인업무신고)를 하여야 한다. 신고한 사항을 변경할 때에도 또한 같다.

2) 수리거부

시장 등은 법인업무신고를 하려는 자가 법인업무신고 기준을 갖추지 아니한 경우에는 그 법인업무신고의 수리를 거부할 수 있다. 이 경우 지체 없이 법인업무신고의 수리거부 사실 및 그 사유를 당사자에게 알려야 한다.

3) 법인업무신고확인증

시장 등은 법인업무신고를 받은 때에는 그 내용을 확인한 후 법인업무신고확인증을 행정사법인에 발급하여야 한다.

5. 행정사법인의 사무소

1) 사무소 설치

행정사법인은 법인구성원의 수를 넘지 아니하는 범위에서 주사무소와 분사무소를 설치할 수 있다. 이 경우 주사무소와 분사무소에는 각각 1명 이상의 법인구성원이 상근하여야 한다.

2) 사무소 명칭

(1) 행정사법인은 사무소의 명칭 중에 행정사법인이라는 글자를 사용하여야 하고, 행정사법인의 분사무소에는 그 분사무소임을 표시하여야 한다.

(2) 행정사법인이 아닌 자는 행정사법인 또는 이와 비슷한 명칭을 사용하지 못하며, 행정사법인의 사무소나 그 분사무소가 아니면 행정사법인이나 그 분사무소 또는 이와 비슷한 명칭을 사용하지 못한다.

6. 행정사법인의 소속행정사

1) 고용 신고

행정사법인은 행정사를 고용한 경우 주사무소 소재지의 시장 등에게 신고하여야 하며, 그 변경이 있는 경우에도 또한 같다.

2) 소속행정사의 자격

소속행정사는 업무정지 중이거나 휴업 중인 사람이 아니어야 하며, 법정 실무교육을 이수하여야 한다.

3) 소속행정사의 제한 행위

소속행정사 및 법인구성원은 그 행정사법인의 사무소 외에 따로 사무소를 둘 수 없다.

7. 업무수행 방법

1) 명의

행정사법인은 법인의 명의로 업무를 수행하여야 한다.

2) 담당행정사

수임한 업무마다 담당행정사를 지정하여야 한다. 다만, 소속행정사를 담당행정사로 지정할 경우에는 법인구성원과 공동으로 지정하여야 한다.
수임한 업무에 대하여 담당행정사를 지정하지 아니한 경우에는 법인구성원 모두를 담당행정사로 지정한 것으로 본다.

3) 담당행정사의 지위

담당행정사는 지정된 업무에 관하여 그 법인을 대표한다.

4) 서면 작성

행정사법인이 그 업무에 관하여 작성하는 서면에는 행정사법인의 명의를 표시하고 담당행정사가 기명날인하여야 한다.

8. 해산

행정사법인이 해산하면 청산인은 지체 없이 그 사유를 행정안전부장관에게 신고하여야 한다.

9. 합병

행정사법인은 법인구성원 전원의 동의가 있으면 다른 행정사법인과 합병할 수 있다.

10. 설립인가의 취소

1) 절차

행정안전부장관은 청문을 거쳐 행정사법인의 설립인가를 취소하여야 한다.

2) 취소사유

행정안전부장관은 행정사법인이 거짓이나 그 밖의 부정한 방법으로 설립인가를 받은 경우에는 설립인가를 취소하여야 한다.
또한 행정안전부장관은 행정사법인이 ① 법인구성원에 관한 요건을 6개월 이내에 보충하지 아니한 경우, ② 업무정지처분을 받고 그 업무정지 기간 중에 업무를 수행한 경우, ③ 법령을 위반하여 업무를 수행한 경우에는 설립인가를 취소할 수 있다.

11. 경업의 금지

1) 개념

법인구성원 또는 소속행정사는 자기 또는 제3자를 위하여 그 행정사법인의 업무범위에 속하는 업무를 수행하거나 다른 행정사법인의 법인구성원 또는 소속행정사가 되어서는 아니 된다.

2) 퇴직 후 업무제한

행정사법인의 법인구성원 또는 소속행정사였던 사람은 그 행정사법인에 소속한 기간 중에 그 행정사법인의 담당행정사로서 수행하고 있었거나 수행을 승낙한 업무에 관하여는 퇴직 후 행정사의 업무를 수행할 수 없다. 다만, 그 행정사법인의 동의가 있는 경우에는 그러하지 아니하다.

3) 벌칙

경업의 금지를 위반한 자는 100만 원 이하의 벌금에 처한다.

12. 손해배상책임의 보장

행정사법인은 그 직무를 수행하면서 고의나 과실로 의뢰인에게 손해를 입힌 경우 그 손해에 대한 배상책임을 보장하기 위하여 손해배상준비금 적립이나 보험가입 등 필요한 조치를 하여야 한다.

13. 준용규정

행정사법인에 관하여 행정사법에서 정한 것 외에는 상법 중 합명회사에 관한 규정을 준용한다.

1０ 대한행정사회

1. 설립

대한행정사회는 법인으로 하며, 정관을 정하여 행정안전부장관의 인가를 받아 설립등기를 함으로써 성립한다.

2. 가입의무

행정사(법인구성원 및 소속행정사를 포함)로서 개업하려면 행정사회에 가입하여야 한다.

3. 공익활동의무

행정사회는 취약계층의 지원 등 공익활동에 적극 참여하여야 한다.

4. 대한행정사회의 정관

1) 정관 기재사항

(1) 목적·명칭과 사무소의 소재지

(2) 대표자와 그 밖의 임원에 관한 사항

(3) 회의에 관한 사항

(4) 행정사의 품위유지와 업무 및 교육에 관한 사항

(5) 회원의 가입·탈퇴 및 지도·감독에 관한 사항

(6) 회계 및 회비부담에 관한 사항

(7) 자산에 관한 사항

(8) 그 밖에 행정사회의 목적을 달성하기 위하여 필요한 사항

2) 정관의 변경

정관을 변경하려면 행정안전부장관의 인가를 받아야 한다.

5. 민법의 준용

행정사회에 관하여 행정사법에서 규정하지 아니한 사항에 대하여는 민법 중 사단법인에 관한 규정을 준용한다.

6. 행정사회에 대한 감독 등

1) 감독기관

행정사회는 행정안전부장관의 감독을 받는다.

2) 행정조사

행정안전부장관은 감독을 위하여 필요하다고 인정하면 행정사회에 대하여 행정조사를 할 수 있다.

3) 과태료

행정안전부장관이 감독을 위하여 필요하다고 인정하여 요구한 보고 또는 자료제출을 정당한 사유 없이 하지 아니하거나, 거짓으로 보고·자료제출을 하거나, 출입·검사를 방해·거부 또는 기피한 경우에는 500만 원 이하의 과태료를 부과한다.

11 지도 · 감독

1. 감독기관

행정사 또는 행정사법인은 행정안전부장관 또는 사무소의 소재지(행정사합동사무소 또는 행정사법인의 경우에는 주사무소)를 관할하는 시장 등의 감독을 받는다.

2. 감독상 명령

1) 행정조사

행정사 또는 행정사법인에 대한 감독을 위하여 필요하다고 인정하면 해당 행정사 또는 행정사법인에 대하여 업무에 관한 사항을 보고하게 하거나 자료의 제출 또는 그 밖에 필요한 명령을 할 수 있으며, 소속 공무원으로 하여금 그 사무소에 출입하여 장부·서류 등을 검사하거나 질문하게 할 수 있다. 출입·검사 등을 하는 공무원은 행정안전부령으로 정하는 증표를 지니고 상대방에게 이를 보여 주어야 한다.

2) 과태료

보고 또는 자료제출을 정당한 사유 없이 하지 아니하거나, 거짓으로 보고·자료제출을 하거나, 출입·검사를 방해·거부 또는 기피한 자에게는 500만 원 이하의 과태료를 부과한다.

3) 업무정지

보고 또는 업무처리부 자료 제출 등의 명령에 따르지 아니하거나 검사 또는 질문을 거부·방해 또는 기피한 경우 6개월의 범위에서 기간을 정하여 업무의 정지를 명할 수 있다.

3. 행정제재처분효과의 승계 등

1) 지위승계

폐업신고를 한 후 업무를 다시 시작하는 신고를 한 행정사 또는 행정사법인은 폐업신고 전 행정사 또는 행정사법인의 지위를 승계한다.

2) 처분승계

폐업신고 전의 행정사 또는 행정사법인에 대하여 업무의 정지에 해당하는 위반행위를 사유로 한 행정처분의 효과는 그 처분일부터 1년간 업무를 다시 시작하는 신고를 한 행정사 또는 행정사법인에게 승계된다.

3) 위반행위승계

업무를 다시 시작하는 신고를 한 행정사 또는 행정사법인에 대하여 폐업신고 전 행정사 또는 행정사법인의 업무의 정지에 해당하는 위반행위를 사유로 행정처분을 할 수 있다. 이 경우에는 폐업한 기간과 폐업의 사유 등을 고려하여 업무정지의 기간을 정하여야 한다. 다만, 폐업신고를 한 날부터 업무를 다시 시작하는 신고를 한 날까지의 기간이 1년을 넘은 경우는 그러하지 아니하다.

4. 자격의 취소

1) 절차

행정안전부장관은 행정사가 자격 취소사유에 해당하는 경우에는 청문 절차를 거쳐 그 자격을 취소하여야 한다.

2) 취소사유

(1) 거짓이나 그 밖의 부정한 방법으로 행정사 자격을 취득한 경우

(2) 신고확인증을 양도하거나 대여한 경우

(3) 업무정지처분을 받고 그 업무정지 기간에 행정사 업무를 한 경우

(4) 행정사법을 위반하여 징역형이 확정된 경우

5. 업무의 정지

1) 절차

행정사 사무소의 소재지를 관할하는 시장 등은 6개월의 범위에서 기간을 정하여 업무의 정지를 명할 수 있다. 단, 업무정지처분은 그 사유가 발생한 날부터 3년이 지나면 할 수 없다.

2) 업무정지사유

⑴ 행정사가 두 개 이상의 사무실을 설치한 경우

⑵ 행정사합동사무소를 구성하는 행정사 또는 법인구성원이 상근하지 아니한 경우

⑶ 휴업신고를 하지 아니한 경우

⑷ 위임인으로부터 보수 외에 금전 또는 재산상 이익이나 그 밖의 반대급부를 받은 경우

⑸ 소속행정사 및 법인구성원이 따로 사무소를 둔 경우

⑹ 감독상 명령에 따른 보고 또는 업무처리부 자료 제출 등의 명령에 따르지 아니하거나 검사 또는 질문을 거부·방해 또는 기피한 경우

3) 자격취소

행정안전부장관은 업무정지처분을 받고 그 업무정지 기간에 행정사 업무를 한 경우 그 자격을 취소하여야 한다.

12 벌칙과 과태료의 부과대상자의 유형 및 내용

1. 벌칙 부과대상자와 유형

1) 3년 이하의 징역 또는 3천만 원 이하의 벌금

(1) 다른 법률에 따라 허용되는 경우를 제외하고 행정사가 아닌 사람이 행정사의 업무를 업으로 한 자

(2) 신고확인증을 다른 자에게 대여한 행정사, 행정사법인과 이를 대여받은 자 또는 대여를 알선한 자

2) 1년 이하의 징역 또는 1천만 원 이하의 벌금

(1) 행정사업무신고 또는 법인업무신고를 하지 아니하고 행정사 업무를 한 자

(2) 수임제한 규정을 위반한 사람

(3) 업무수임 또는 수행 과정에서 관련 공무원과의 연고 등 사적인 관계를 드러내며 영향력을 미칠 수 있는 것으로 선전한 자

(4) 행정사의 업무에 관하여 거짓된 내용을 표시하거나 객관적 사실을 과장 또는 누락하여 소비자를 오도하거나 오해를 불러일으킬 우려가 있는 내용의 광고행위를 한 자

(5) 업무상 알게 된 사실을 다른 사람에게 누설한 자

(6) 업무정지처분을 받고 그 업무정지 기간에 행정사 업무를 한 자

3) 100만 원 이하의 벌금

(1) 위임인으로부터 보수 외에 금전 또는 재산상 이익이나 그 밖의 반대급부를 받은 자

(2) 정당한 사유 없이 업무에 관한 위임을 거부한 자

(3) 당사자 양쪽으로부터 같은 업무에 관한 위임을 받은 자

(4) 타인의 소송이나 그 밖의 권리관계분쟁 또는 민원사무처리과정에 개입한 자

(5) 알선을 업으로 하는 자를 이용하거나 그 밖의 부당한 방법으로 행정사 업무의 위임을 유치한 자

(6) 경업금지의무를 위반하여 경업을 한 자

2. 양벌 규정

행정사 또는 행정사법인의 사무직원이나 소속행정사가 행정사 또는 행정사법인의 업무와 관련하여 벌금 이상의 벌칙에 해당하는 위반행위를 하면 그 행위자를 벌하는 외에 그 행정사 또는 행정사법인에도 해당 조문의 벌금형을 과한다. 다만, 행정사 또는 행정사법인이 그 위반 행위를 방지하기 위하여 해당 업무에 관하여 상당한 주의와 감독을 게을리하지 아니한 경우에는 그러하지 아니하다.

3. 과태료 부과대상자와 유형

1) 500만 원 이하의 과태료

(1) 행정사 또는 이와 비슷한 명칭을 사용한 자

(2) 행정사사무소, 행정사합동사무소 또는 그 분사무소나 행정사법인 또는 그 분사무소와 비슷한 명칭을 사용한 자

(3) 손해배상준비금 적립이나 보험가입 등 필요한 조치를 취하지 아니한 행정사법인

(4) 정당한 사유 없이 행정안전부장관 또는 사무소의 소재지를 관할하는 시장 등이 행정사에 대한 감독을 위하여 필요하다고 인정하여 요구한 보고 또는 자료제출을 하지 아니하거나, 거짓으로 보고·자료제출을 하거나, 출입·검사를 방해·거부 또는 기피한 자

2) 100만 원 이하의 과태료

(1) 사무소 이전신고를 하지 아니한 자

(2) 행정사사무소, 행정사합동사무소 또는 행정사법인이라는 글자를 사용하지 아니하거나 그 분사무소임을 표시하지 아니한 자

(3) 업무처리부를 작성하지 아니하거나 거짓으로 작성한 자

(4) 연수교육을 받지 아니하고 행정사 업무를 수행한 자

행정사
이준희 행정사실무법

비송사건절차법

01 비송사건

1. 개념

법원이 사권관계의 형성 · 변경 · 소멸에 관하여 후견인의 입장으로 관여하는 사건을 말한다.

2. 민사소송과의 비교

1) 구별 기준

비송사건이란 사권관계의 형성 · 변경 · 소멸에 관하여 법원이 후견적인 입장에서 관여하는 사건을 말한다. 따라서 국가가 후견인 입장에서 개입하는 사건이 비송사건이며, 당사자 간의 대립을 전제로 법적 분쟁을 다투는 사건이 민사소송사건이다.

2) 차이점

(1) 민사소송사건

민사소송사건은 공개주의 · 처분권주의 · 변론주의 · 기판력 · 기속력의 엄격한 형식주의를 원칙으로 한다.

(2) 비송사건

비송사건은 간이 · 신속한 처리를 위해 자유로운 증명이면 되고, 대립당사자구조가 아니라 직권주의를 원칙으로 한다.
현행 비송사건절차법은 대리인자격의 무제한, 직권탐지주의, 비공개주의, 조서의 재량작성, 검사의 참여, 결정형식에 의한 재판, 결정의 취소 · 변경의 자유, 불복방법으로서 항고 등의 규정을 두어 소송사건과는 절차와 내용에 있어서 차이를 두고 있다.

02 비송사건절차의 특징

1. 직권주의

1) 절차의 개시

비송사건절차는 당사자의 신청에 의해서뿐만 아니라, 법원이 당사자의 신청이 없더라도 직권으로 절차를 개시하는 경우가 있다.

2) 심판의 대상과 범위

심판의 대상과 범위는 당사자의 신청에 구속되지 않으며, 법원은 당사자가 신청하지 아니한 경우라도 심판하여야 한다.

3) 절차의 종결

비송사건절차에서는 원칙적으로 신청의 포기, 인락 또는 화해에 의한 절차의 종결이 허용되지 아니한다. 또한 법원의 직권에 의해 개시된 사건에 대하여는 신청의 취하가 인정되지 아니한다.

2. 직권탐지주의

소송자료의 수집과 제출책임을 당사자가 아닌 법원이 담당한다. 비송사건절차법 제11조에서는 이를 명문으로 규정하고 있다.

3. 비공개주의

비송사건절차에서 재판은 결정으로써 하며, 심문 역시 비공개를 원칙으로 한다. 다만, 법원은 심문을 공개함이 적정하다고 인정하는 자에게 방청을 허가할 수 있다.

4. 기판력의 배제

비송사건에 대한 재판은 국가가 후견인적 입장에서 실체적 진실주의에 입각하여 사건을 처리하는 절차이므로 기판력을 부정한다.

5. 기속력의 제한

비송사건절차법은 법원은 재판을 한 후에 그 재판이 위법 또는 부당하다고 인정할 때에는 이를 취소하거나 변경할 수 있다고 규정하여 원칙적으로 기속력이 배제됨을 명문화하고 있다. 다만, 신청에 의하여서만 재판을 하여야 하는 경우에 신청을 각하한 재판에 대하여 신청에 의하지 않고는 이를 취소·변경할 수 없으며, 즉시 항고로써 불복을 할 수 있는 재판에 대해서는 이를 취소·변경할 수 없다.

6. 간이주의

1) 비공개주의

비송사건절차에서 재판은 결정으로써 하며, 심문 역시 비공개를 원칙으로 한다. 다만, 법원은 심문을 공개함이 적정하다고 인정하는 자에게 방청을 허가할 수 있다.

2) 조서작성의 간이화

증인 또는 감정인의 심문에 관하여는 반드시 조서를 작성하고, 그 외에는 필요하다고 인정하는 경우에 한하여 조서를 작성한다.

3) 재판의 방식

재판은 원칙적으로 이유를 붙이지 아니한 결정으로써 한다.

4) 고지방법

재판의 고지는 법원이 적당하다고 인정하는 방법으로 한다. 다만, 기일의 지정은 송달방식으로 하며, 공시송달을 하는 경우에는 민사소송법의 규정에 의하여야 한다.

7. 기타

1) 비송사건절차는 변호사 대리원칙이 배제된다.

2) 비송사건절차는 임의적 변론·심문을 원칙으로 한다.

3) 사실을 증명하는 경우에 자유로운 증명에 의한다.

03 비송사건의 관할

1. 관할의 의의

재판권을 행사하는 여러 법원 사이의 재판권의 분담관계를 의미한다.

2. 심급관할

1) 개념

법원 간의 심판의 순서로서 각 심급을 기준으로 재판권의 분담관계를 정해놓은 것이다.

2) 성질

심급관할은 원칙적으로 전속관할이므로 제1심 사건을 제2심 법원에 제소하면 전속관할위반이 된다.

3) 비송사건의 경우

(1) 제1심 관할법원은 지방법원과 그 지원이 심판한다.

(2) 제2심 관할법원은 지방법원 단독판사가 제1심으로 한 결정은 지방법원 본원 합의부가 심판하며, 지방법원 합의부의가 제1심으로 한 결정은 고등법원이 심판한다.

(3) 제3심 관할법원 대법원이 최종심으로 심판한다.

3. 사물관할

1) 개념

사물을 기준으로 재판권의 분담관계를 정해놓은 것이다. 즉, 사물관할은 제1심 사건을 다루는데 있어서 사건의 경중의 차이에 따라 지방법원 합의부와 지방법원 단독판사로 재판권의 분담관계를 정해놓은 관할이다.

2) 비송사건의 경우

각종의 사건마다 개별적으로 사물관할을 규정하고 있다. 합의부가 관할한다는 특별한 규정이 없는 한 단독판사가 관할한다.

4. 토지관할

1) 개념

소재지를 달리하는 같은 종류의 법원 사이에서 재판권의 분담관계를 정해놓은 것이다.

2) 비송사건의 경우

비송사건절차법은 토지관할에 대한 일반규정은 없으며, 각각의 사건마다 당사자와 법원의 편의를 고려하여 개별적으로 토지관할을 규정하고 있다.

3) 토지관할이 주소에 의하여 정하여질 경우

(1) 대한민국에 주소가 없을 때 또는 대한민국 내의 주소를 알지 못할 때에는 거소지의 지방법원이 사건을 관할한다.

(2) 거소가 없을 때 또는 거소를 알지 못할 때에는 마지막 주소지의 지방법원이 사건을 관할한다.

(3) 마지막 주소가 없을 때 또는 그 주소를 알지 못할 때에는 재산이 있는 곳 또는 대법원이 있는 곳을 관할하는 지방법원이 사건을 관할한다.

5. 우선관할

관할법원이 여러 개인 경우 최초로 신청을 신청받은 법원이 그 사건을 관할한다.

6. 이송

1) 재량에 의한 이송

(1) **개념**

우선관할권을 가진 법원은 신청 또는 직권으로 적당하다고 인정하는 다른 법원에 이송할 수 있다.

(2) **이송의 구속력**

사건을 이송받은 법원은 이송결정에 따라야 하고, 사건을 이송받은 법원은 사건을 다시 다른 법원에 이송하지 못한다.

(3) 소송계속의 이전

이송결정이 확정되면 사건은 처음부터 이송받은 법원에 계속된 것으로 본다.

(4) 소송기록의 송부

이송결정이 확정되면 이에 따르는 사실상의 조치로서 그 결정의 정본을 소송기록에 붙여 이송 받을 법원 등에게 보내야 한다.

(5) 이송결정의 불복

이송재판으로 인하여 권리를 침해받은 자는 항고할 수 있다.

2) 관할위반의 이송

비송사건절차법에는 관할위반에 따른 이송에 관한 명문의 규정은 없으나, 소송경제의 측면에서 민사소송법 제34조 제1항의 규정이 준용된다는 것이 일반적 견해이므로 이송을 인정하는 것으로 보는 것이 타당하다.

8. 지정관할

법원의 관할구역이 불분명하거나 관할의 원인이 되는 사실이 명확하지 않은 경우 신청에 의하여 관계 법원의 공통되는 바로 위 상급법원이 관할법원을 정한다.
관할법원의 지정은 결정의 형식으로 하며 관할법원 지정결정에는 불복신청을 할 수 없다. 그러나 관할법원의 지정신청을 각하한 경우에는 항고할 수 있다.

9. 법률상의 공조

1) 의의

직무수행에 있어서는 일정한 행위의 경우 불가피하게 다른 법원의 도움을 받아야 할 경우가 발생한다. 이 경우 법원이 서로 보조하는 것을 법률상의 공조라고 한다.

2) 촉탁이 허용되는 경우

사실탐지, 소환, 고지와 재판의 집행에 관한 행위는 촉탁에 의해 법률상 공조를 할 수 있다. 그리고 증인, 감정인 조사의 경우에도 민사소송법이 준용되므로 다른 법원에 촉탁할 수 있다.

04 비송사건의 당사자

1. 당사자

1) 의의

비송사건에서의 당사자란 당해 비송사건절차에 주체적으로 관여하거나 종국재판에 의해 직접 그 권리와 의무에 영향을 받는 자를 말한다.

2) 검사

검사는 공익의 대표자로서 비송사건에 참여할 뿐 종국재판으로 권리·의무에 아무런 영향을 받지 않는다. 따라서 비송사건의 당사자가 아니다.

3) 당사자가 수인인 경우

(1) 수인의 이해관계인이 각각 독립해서 신청할 수 있는 경우

각 신청권자의 신청의 전부에 대해서 공동소송의 경우에 준하여 절차를 진행한다. 각 신청은 독립한 것이며, 어느 하나의 신청이 취하되거나 각하되어도 다른 사건에 영향을 미치지 않는다.

(2) 여러 건의 신청사건을 병행해서 심리와 재판을 해야 하는 경우

법률의 규정상 수 개의 신청이 있으면 유사필요적 공동소송사건처럼 심리와 재판을 병행할 것이 요구되는 사건이 있다. 그러나 이들 사건도 고유필요적 공동소송사건이 아니므로 각 신청인은 자유롭게 취하할 수 있다.

(3) 수인의 신청인이 공동하여서만 신청요건을 충족하는 경우

법률상 반드시 수인의 공동신청을 필요로 하는 것은 아니나, 수인의 신청인이 공동하여서만 신청요건을 충족하는 경우가 있다. 이 경우는 신청요건은 비송사건 재판시까지 충족해야 한다.

(4) 반드시 공동신청을 필요로 하는 경우

반드시 당사자 전원이 공동으로 신청을 하여야 한다. 신청인 일부가 결여된 경우 보정이 없는 한 그 신청은 부적법하게 된다.

2. 당사자의 보조참가

비송사건절차법은 보조참가에 관한 민사소송법 제71조를 준용하고 있지 않다. 그러나 비송사건에서 보조참가를 허용하여도 불합리한 점이 없다는 이유로 이를 인정하고 있다.

3. 당사자능력

1) 의의

비송사건의 당사자가 되기 위해 갖추어야 할 능력이다. 민법상의 권리능력에 대응하는 개념이다. 그러나 당사자능력은 자연인과 법인뿐만 아니라 권리능력 없는 사단·재단도 현실적으로 비송사건의 당사자능력이 있다는 점에서 권리능력 보다 넓은 개념이다.

2) 당사자능력이 없는 자의 비송행위의 효력

당사자능력이 없는 자가 행한 신청이나 항고 등은 법률상 당연히 무효이다.

4. 비송행위능력(비송절차능력)

1) 의의

비송행위능력이란 당사자로서 스스로 단독으로 유효하게 비송행위를 하거나 상대방이나 법원으로부터 비송행위를 받기 위해 갖추어야 할 능력을 말한다. 민사소송에서 말하는 소송능력에 해당한다.

2) 비송무능력자

민법상 제한능력자는 원칙적으로 비송능력이 없다. 비송무능력자의 비송행위는 법률상 당연히 무효이다.

05 비송행위의 대리

1. 자격

사건의 관계인은 소송능력자로 하여금 비송행위를 대리시킬 수 있다.

2. 범위

대리권의 범위는 위임계약에 의해 정해진다. 다만 그 취지가 분명하지 않은 경우에는 대리인은 해당 사건의 모든 행위를 할 수 있으나 신청의 취하, 항고의 제기 및 그 취하에 대해서는 특별수권이 필요하다.

3. 대리권의 증명

대리인은 그 대리권의 존재와 범위를 서면으로 증명해야 한다.
서면이 사문서일 때에는 법원은 관계 공무원 또는 공증인의 인증을 받을 것을 명할 수 있다.
이 명령에 대하여는 불복신청을 할 수 없다.

4. 대리행위의 효력

1) 대리권이 있는 경우

비송대리인이 대리권의 범위 내에서 한 비송행위는 직접 본인에게 효력이 있다.

2) 무권대리의 경우

대리권이 없는 자의 행위가 무권대리에 해당하는 경우 그 행위는 무효로서 법원은 각하해야 할 것이다. 그러나 만약 법원이 이를 간과하고 재판을 한 경우에는 그 재판은 당연무효가 되는 것이 아니라 그 재판에 의하여 권리를 침해당한 자가 항고할 수 있을 뿐이다.

5. 비송대리가 허용되지 않는 경우

1) 본인출석명령

비송사건에서 대리인이 허용된다 하더라도 법원은 직접 본인의 진술을 들어야 할 필요가 있는 때에는 당사자 본인을 출석하도록 명령할 수 있다. 이때에는 대리가 허용되지 아니하고 본인이 직접 출석하여 진술하여야 한다.

2) 퇴정명령

법원은 변호사가 아닌 자로서 대리를 영업으로 하는 자의 대리를 금하고 퇴정을 명할 수 있다. 이 명령에 대하여는 불복신청을 할 수 없다.

6. 당사자의 사망과 비송대리권의 소멸

비송사건에는 절차의 중단이라는 관념이 없고 일신전속권이 아닌 한 상속인에게 절차를 직권으로 승계시키는 점을 고려하면 당사자가 사망하더라도 비송대리권은 소멸하지 않는다.

04

06 비송사건의 선정당사자

1. 의의

선정당사자란 공동의 이해관계가 있는 여러 사람이 공동소송인이 되어 소송을 하여야 할 경우에 그 가운데서 모두를 위해 소송을 수행할 당사자로 선출된 자를 말한다.

2. 비송사건에도 선정당사자 제도가 준용되는지 여부

선정당사자에 관한 민사소송법의 규정은 비송사건에는 준용되지 않는다. 대법원도 "토지구획정리조합의 조합원의 1/2 이상이 선정한 선정당사자가 조합원임시총회 소집허가신청을 한 경우 조합원들이 선정당사자를 선정한 행위는 효력이 없어 위 신청은 선정당사자가 단독으로 한 것에 불과하므로 임시총회 소집허가신청은 부적법하다."라고 판시하였다.

07 절차의 개시

1. 신청사건

1) 개념

당사자의 신청에 의해서 개시되는 사건이다.

2) 신청방식

(1) 원칙

신청은 서면 또는 말로 할 수 있는 것이 원칙이다.

(2) 서면신청에 의할 경우

신청서에 기재사항을 적고 신청인 또는 대리인이 기명날인하거나 서명하여야 한다. 신청방식에 흠결이 있는 경우 당사자능력을 결여한 경우처럼 보정불능일 경우를 제외하고는 상당기간을 정하여 보정을 명한 후 신청인이 그 보정을 하지 않을 때 비로소 그 신청을 부적법 각하한다.

(3) 말로 신청하는 경우

법원사무관 등의 앞에서 하고 법원사무관 등은 이 내용을 조서로 작성하고 기명날인하여야 한다.

(4) 반드시 서면으로 신청하는 사건

주식의 매수가액 산정·결정신청사건, 주식회사설립에 있어서의 검사인 선임신청사건, 주식회사의 업무와 재산상태의 검사를 위한 검사인 선임신청사건, 법인의 임시총회 소집허가사건 등의 사건은 반드시 서면으로 신청한다.

2. 검사청구사건

1) 개념

공익에 영향을 미치는 사건은 검사의 청구에 의해서도 개시될 수 있다. 이때의 검사는 공익의 대표자로서 관여하는 것이지 이해관계인으로서 관여하는 것이 아니다.

검사청구사건의 경우 청구권자로 검사만 규정하는 경우는 없고 이해관계인이나 법원의 직권을 절차개시요건으로 함께 규정하고 있다.

2) 신청방식

방식에 관하여 특별한 규정은 없으나 책임소재를 명확히 하고 사건 취급을 신중하게 하기 위해 구술에 의한 신청은 허용되지 않고 반드시 서면으로 신청한다.

3) 통지의무

관할검사가 그 사건을 알기 전에 법원, 그 밖의 관청, 검사와 공무원은 그 직무상 검사의 청구에 의하여 재판을 하여야 할 경우가 발생한 것을 안 때에는 이를 관할법원에 대응한 검찰청 검사에게 통지하여야 한다. 그러나 법원이 이미 비송사건을 개시한 경우나 법원이 이미 사건의 발생을 알아서 스스로 개시할 수 있는 경우에는 통지의무가 없다.

3. 직권사건

당사자의 신청이 없더라도 법원이 직권으로 개시하는 사건(⑩ 회사 등 법인에 관한 청산인의 선임 또는 해임사건, 회사의 해산명령사건, 과태료사건)이다. 법원이 직권사건을 알게 된 경우에는 그 사건을 알게 된 경위를 불문하고 즉시 절차를 개시하여야 한다.

08 절차의 진행

1. 직권주의에 의한 진행

기일의 지정 및 변경, 사실탐지 및 증거조사, 송달 등은 절차의 진행은 법원이 직권으로 수행한다. 신청사건이든 직권사건이든 절차가 개시된 후에는 법원이 직권으로 절차를 진행한다.

2. 기일

1) 의의

비송사건절차에 관하여 법원, 당사자, 그 밖의 관계인이 일정한 장소에 회합하여 비송행위를 수행하기 위해 정해진 시간을 말한다.

2) 기일의 지정

기일의 지정은 직권으로 또는 당사자의 신청에 따라 재판장이 한다.

3) 기일의 변경 · 연기 · 속행

비송사건은 직권주의가 적용되므로 기일의 변경 · 연기 · 속행 모두 법원이 직권으로 행한다. 따라서 당사자의 합의에 의한 기일의 변경은 허용되지 아니한다.

4) 기일의 통지

기일은 기일통지서 또는 출석요구서를 송달하여 통지하되, 그 사건으로 출석한 사람에게는 기일을 직접 고지하면 된다. 또한 기일통지에 관한 행위는 다른 법원에 촉탁할 수 있다.

5) 기일의 불출석

기일에 출석하지 않는 당사자에게 법률상의 제재 등 그 밖의 불이익을 줄 수 없다. 다만 당사자는 법원에서 자신의 주장을 하지 못하는 사실상 불이익을 받는 경우가 있다.

3. 기간

비송사건절차법에 기간에 관한 별도의 규정은 없고, 비송사건의 기간에 관하여는 민사소송법의 규정이 준용하며, 기간의 계산은 민법에 따른다.
법원은 법정기간 또는 법원이 정한 기간을 늘이거나 줄일 수 있다. 다만, 불변기간은 그러하지 아니하다.

4. 송달

1) 개념

송달이란 당사자, 그 밖의 소송관계인에게 소송상의 서류의 내용을 알리는 법원의 통지행위이다.

2) 고지방식의 자유

비송사건절차법에서는 재판의 고지는 법원이 적당하다고 인정하는 방법으로 한다고 규정하고, 송달의 의한 고지를 특별히 규정하고 있지 않다. 따라서 재판이나 기타 사항에 대해 자유로운 방법으로 고지할 수 있다.

3) 예외

(1) 비송사건절차는 기일에 관한 민사소송법의 규정을 준용하므로, 기일의 통지는 당해 사건으로 출석한 자가 아닌 한 송달에 의하여야 한다.

(2) 고지받을 자의 주소나 거소의 불명 등으로 인하여 통상의 방법으로써 고지할 수 없을 때에는 민사소송법의 규정에 의한 공시송달의 방법으로 한다.

5. 절차의 중단과 승계

1) 절차의 중단

비송사건에서는 절차가 개시된 이후 절차의 진행은 법원이 직권으로 운영하기 때문에 중단
에 대한 관념이 없다.

2) 당사자의 사망과 승계

(1) 절차가 종료되는 경우

일신전속적인 권리인 경우 당사자의 사망으로 그 비송사건절차의 목적 자체가 소멸하므로
당연히 절차가 종료된다.

(2) 절차가 승계되는 경우

신청인이 사망했으나 그 비송사건절차를 통해 신청인이 형성하려고 했던 법률관계가 상속의
대상인 경우에는 절차가 종료되지 않고 상속인에 의해 절차가 승계된다.

09 비송사건의 심리

1. 개념

재판에 필요한 사실관계 및 법률관계를 명확히 하기 위하여 법원이 사건을 조사하는 행위를 말한다.

2. 심리방법

1) 임의적 변론

비송사건의 재판은 판결이 아닌 결정으로써 하므로, 그 심리를 위해 반드시 변론을 열어야 하는 것은 아니다. 임의적 변론절차에서는 변론이 열려도 반드시 기일에 출석하여 말로 진술하여야 하는 것은 아니며, 서면으로 제출해도 된다.

2) 임의적 심문

비송사건절차에서 심문은 임의적이다. 다만 비송사건 중에는 재판 전에 관계인의 의견 또는 진술을 듣도록 규정하고 있는 경우에는 그 의견이나 진술을 반드시 들어야 한다.
재판 전에 이해관계인의 의견 또는 진술을 듣도록 규정하고 있는 경우에도 이해관계인 중 일부에 대하여 진술 기회를 부여하였다면, 그와 이해관계를 달리하는 관계인 모두에게 각각의 진술 기회를 주어야 하는 것은 아니다.

3) 비공개주의

비송사건의 심문은 공개하지 아니하며, 다만 법원은 심문을 공개함이 적정하다고 인정하는 자에게는 방청을 허가할 수 있다.

4) 조서의 작성

법원사무관 등은 증인 또는 감정인의 심문에 관하여는 필요적으로 조서를 작성하여야 하고, 그 밖의 심문에 관하여는 필요하다고 인정하는 경우에만 조서를 작성한다.

3. 사실인정에 관한 원칙

1) 객관적 · 실체적 진실발견주의

법원은 자유로운 방법으로 사실조사를 행하며, 객관적 · 실체적 진실발견에 노력하여야 한다. 비송사건절차에 있어서 사실인정은 오로지 법원의 직권으로 행해진다. 따라서 청구의 포기 · 인낙 개념이 부정되고, 당사자의 자백도 법원을 구속하지 않으며 단지 법원이 사실을 인정함에 있어 참작사유에 불과하다.

2) 직권탐지주의

소송자료의 수집과 제출책임을 당사자가 아닌 법원이 담당한다. 비송사건절차법 제11조에서는 이를 명문으로 규정하고 있다. 그러므로 재판의 기초가 되는 소송자료의 수집방법 및 범위는 법원이 자유롭게 정할 수 있다.

3) 입증책임

비송사건절차에서는 증거제출책임이라는 의미에서의 주관적 입증책임은 발생하지 않는다. 다만, 어떠한 사실의 진위 여부와 그 사실의 존재 여부에 대한 객관적 입증책임은 존재한다.

4. 사실인정의 방법

1) 원칙

증거조사와 사실의 탐지가 있다.

2) 증거조사

(1) 방법

비송사건절차법 제10조에서 인증과 감정에 관한 민사소송법의 규정을 준용하고 있다는 점에서 비송사건의 증거조사 방법으로 증인심문과 감정만 인정된다.

(2) 비공개

비송사건은 비공개를 원칙으로 하기 때문에 증인 또는 감정인의 심문도 비공개로 이루어지는 것이 원칙이다.

3) 사실의 탐지

(1) 의의

사실의 탐지란 법원이 자료를 수집하고 사실을 인정하는 방법 중 증거조사를 제외한 방법을 의미한다. 당사자의 변론은 법원의 직권탐지를 보완하는 데 그치며, 당사자가 주장하지 않은 사실도 법원은 자기의 책임과 직권으로 수집하여 판결의 기초로 삼아야 한다.

(2) 사실탐지의 방식

탐지의 방법에 관하여 특별한 제한은 없기 때문에 자료의 수집에 적합한 형태로 자유롭게 행해진다.

4) 사실탐지와 증거조사의 촉탁

비송사건에서의 증거조사인 증인신문과 감정에 대해서는 민사소송법이 준용된다. 따라서 증거조사를 다른 법원의 판사에게 촉탁할 수 있다. 또한 사실탐지에 관하여도 다른 지방법원에 촉탁할 수 있다.

5. 사실인정을 위한 심증의 정도

비송사건에서 사실인정은 원칙적으로 증명이 필요하다.
그러나 특별한 규정이 있는 경우에 한하여 소명만을 요구하는 경우도 있다. 소명의 부족한 경우 법원은 보증금의 공탁이나 당사자의 선서에 의하여 소명을 갈음할 수 있다.

10 절차의 종료

1. 종국재판에 의한 종료

1) 보통항고

재판의 고지와 동시에 당해 심급의 절차가 종료된다.

2) 즉시항고

재판이 고지된 날부터 1주일(불복신청기간)이 경과하면 그 재판의 확정과 동시에 절차가 종료된다.

2. 당사자의 행위에 의한 종료

1) 신청취하에 의한 종료

(1) 신청취하의 인정 여부

비송사건절차에서는 처분권주의가 배제되어 신청의 취하가 언제나 인정되는 것은 아니다.

(2) 인정범위

① 당사자의 신청에 의해서만 절차가 개시되는 경우에는 재판이 있을 때까지는 자유로이 취하할 수 있다.
② 법원의 직권으로 절차를 개시하는 사건은 취하의 관념을 인정할 수 없다. 따라서 당사자의 신청 또는 법원의 직권으로 개시되는 사건의 경우, 당사자의 신청으로 절차가 개시된 경우에 해당하더라도 재판의 공익성에 비추어 신청의 취하가 인정되지 않는다.

(3) 신청취하의 시기와 방식

신청취하가 인정되는 사건의 경우에는 재판이 있을 때까지는 자유로이 취하할 수 있다. 1심이 계속 중이든 항고심이 계속 중이든 언제든지 가능하다. 방식에 대해서는 특별한 규정이 없으므로 일반원칙에 따라 서면 또는 말로 할 수 있다.

⑷ **신청취하의 효력**

신청이 취하되면 사건은 처음부터 법원에 계속되지 않았던 것으로 되며, 이미 행하여진 비송행위는 모두 그 효력을 잃는다.

2) 신청포기에 의한 종료

비송사건은 신청의 포기가 인정되지 않는다.

3. 당사자의 사망에 의한 종료

권리가 상속의 대상인 경우 상속인이 절차를 승계하게 된다. 그러나 그 권리가 상속의 대상이 아닌 일신전속적이라면 절차는 당사자의 사망으로 종료하게 된다.

11 절차비용의 부담

1. 의의

절차비용이란 당해 비송사건의 개시로부터 종료에 이르기까지 투입된 모든 비용을 말한다. 이는 재판 전의 절차비용과 재판의 고지비용으로 나눌 수 있다.

2. 비용부담자

1) 원칙

절차비용은 그 부담할 자를 특별히 정한 경우를 제외하고는 신청에 의하여 절차가 개시된 경우 신청인이 부담한다. 검사의 청구 또는 법원이 직권으로 개시한 사건은 국고의 부담으로 한다.

2) 법률의 규정에 의하여 비용부담자가 정해져 있는 경우

(1) 항고비용과 항고인이 부담하게 된 전심의 비용은 패소자가 부담한다.

(2) 질물에 의한 변제충당의 허가사건의 비용은 질권설정자가 부담한다.

(3) 환매권 대위행사 시의 감정인의 선임의 비용은 매수인이 부담한다.

(4) 회사 해산명령사건에서의 관리인 선임 및 재산보전처분의 비용은 회사가 부담한다.

(5) 회사청산의 경우 감정인 선임의 비용은 회사가 부담한다.

(6) 과태료 사건은 과태료를 선고받은 자 또는 국고가 부담한다.

3) 재판으로 관계인에게 비용을 부담시키는 경우

법원은 특별한 사유가 있을 때에는 비용을 부담할 자가 아닌 관계인에게 비용의 전부 또는 일부의 부담을 명할 수 있다.

4) 공동부담

비용을 부담할 자가 수인인 경우 그 부담액은 균등하게 부담하는 것이 원칙이다. 그러나 법원은 사정에 따라 그 부담액을 연대하여 부담하게 하거나 다른 방법으로 부담하게 할 수 있다.

3. 비용액의 재판

1) 필요성

비용부담자 이외의 자에게 비용을 예납하게 하거나 절차비용의 예납자와 지출자 그리고 절차비용의 부담자가 서로 다른 경우에는 비용의 상환을 위하여 비용액 재판이 필요하다.

2) 비용재판에 대한 불복방법

⑴ **청구권자**

불복신청을 할 수 있는 자는 절차비용의 부담명령을 받은 자에 한한다.

⑵ **항고방법**

비용의 재판에 대해서는 독립하여 불복할 수 없고 사건에 대해 항고할 때 함께 하여야 한다. 따라서 사건에 관한 재판에 대하여 항고가 허용되지 않을 경우에는 비용의 재판에 대하여도 불복신청을 할 수 없다. 또한 본안사건에 대한 항고와 동시에 비용에 대해서 불복한 경우라도 본안에 대해서 이유가 없는 경우에는 항고법원은 원심재판 중 비용에 관한 부분만을 별도로 분리하여 취소 또는 변경할 수 없다.

3) 집행부정지

비용재판에 대한 항고에는 집행정지의 효력이 없다.

4) 비용채권자의 강제집행

비용의 채권자는 비용의 재판에 의하여 강제집행을 할 수 있다. 강제집행절차는 민사집행법 규정이 준용된다. 그러나 집행개시의 요건으로 집행을 하기 전에 재판서의 송달은 필요 없다.

4. 국고에 의한 비용의 체당

직권으로 하는 탐지, 사실조사, 소환, 고지, 그 밖에 필요한 처분의 비용은 국고가 이를 체당하여야 한다.

12 비송사건의 재판

1. 재판의 종류

1) 종국재판과 절차지휘의 재판

(1) 종국재판

법원이 신청 또는 항고에 의해 계속된 비송사건의 심급을 종결하기 위하여 하는 재판을 말한다. 종국재판은 다시 본안 전 재판과 본안의 재판으로 구별된다.

(2) 절차지휘의 재판

직접 사건의 종결을 목적으로 하지 않는 법원의 처분을 말한다. 예를 들어, 신청서 보정명령, 기일 지정의 재판 등이 있다.

2) 본안 전 재판과 본안의 재판

(1) 본안 전 재판

본안 전 재판이란 신청요건을 결여하였거나 보정을 명하였는데 이에 응하지 아니한 경우와 같이 신청요건을 구비하지 못해 부적법 각하하는 경우의 재판을 말한다.

(2) 본안의 재판

본안의 재판이란 절차상의 적법요건을 갖춘 사건에 대하여 법원이 사건의 내용을 심리하여 그 결과에 따라 신청이 이유가 있다고 신청인이 목적하는 적극적 재판을 하거나 신청이 이유가 없다고 하여 소극적 재판을 하는 경우의 재판을 말한다.

2. 재판의 방식

1) 결정

비송재판은 결정으로 하며, 이유기재를 생략한다. 그러나 재판의 형식을 이유를 붙인 결정으로 하도록 특별히 규정하고 있는 경우에는 이를 따른다.

2) 재판의 원본

재판의 원본에 판사가 서명날인하여야 한다. 서명날인은 기명날인으로 갈음할 수 있으며, 신청서 또는 조서에 재판에 관한 사항을 기재하고 판사가 이에 서명날인함으로써 원본에 갈음할 수 있다.

3) 재판의 정본과 등본

재판의 정본과 등본에는 법원사무관 등이 기명날인하고, 정본에는 법원인을 찍어야 한다. 정본은 재판서를 송달할 경우와 강제집행을 할 경우 이를 첨부한다.

3. 재판의 고지

1) 효력발생요건

재판은 이를 받은 자에게 고지함으로써 효력이 생긴다.

2) 방법

비송사건절차법에 별다른 제한이 없고 법원이 적당하다고 인정하는 방법에 의한다. 다만, 공시송달을 하는 경우에는 민사소송법의 규정에 따라야 한다.

3) 상대방

고지는 재판을 받은 자에게 하여야 한다. 재판을 받은 자란 재판 결과로 자기의 법률관계에 직접 영향을 받는 자로 신청인과는 별개이다.

4. 재판의 효력

1) 재판의 효력발생시기

재판은 이를 받은 자에게 고지함으로써 효력이 생긴다. 따라서 즉시항고가 허용되는 재판도 그 확정을 기다리지 않고 고지와 동시에 그 효력이 발생한다.

2) 재판의 형성력

형성력이란 확정판결의 내용에 따라 법률관계의 발생·변경·소멸의 효과를 발생시키는 효력을 말한다.
비송사건의 재판은 재판의 고지와 동시에 그 효력이 발생하며, 그 효과는 재판을 받은 자는 물론이고 제3자에게도 미친다.

3) 재판의 형식적 확정력

(1) 원칙

비송사건의 재판은 절대적 진실발견의 취지에 입각하여 당사자는 언제든지 항고할 수 있고 항고법원은 자유로이 이를 취소·변경할 수 있다. 따라서 비송사건의 재판은 원칙적으로 확정력이 없다.

(2) 예외

① 즉시항고를 규정한 재판에서 항고기간이 도과한 경우, ② 항고권의 포기가 있는 때 그리고 ③ 불복신청에 대한 최종심 재판이 있는 경우에는 형식적 확정력이 생긴다.

4) 기판력

(1) 의의

확정된 종국판결의 내용이 당사자와 후소법원을 구속하는 힘을 말한다.

(2) 비송사건의 경우

비송사건절차에 있어서의 재판은 원칙적으로 기판력이 없다. 따라서 법원이 당사자의 신청을 받아들이지 않았을 때에는 당사자가 같은 내용의 신청을 다시 하는 것이 허용되며, 후소법원도 본래의 결정과 다른 결정을 할 수 있다.

5) 재판의 집행력

비송사건은 사권관계의 형성을 목적으로 하는 것이므로 그 집행을 필요로 하지 않는 것이 보통이다. 그러나 절차비용을 명하는 재판이나 과태료의 재판과 같이 관계인에 대하여 이행을 명할 필요가 있는 경우에는 집행력을 가진다.

6) 기속력

(1) 의의

기속력이란 법원이 사건에 대하여 심리·판결한 경우에 그 판결에 어떠한 위법이나 부당함이 있다 하더라도 판결법원 스스로가 이를 자유로이 취소·변경할 수 없다는 것을 의미한다. 재판을 한 법원 자신의 구속력이다.

(2) 제한

비송사건절차법 제19조 제1항에서 "법원은 재판을 한 후에 그 재판이 위법 또는 부당하다고 인정할 때에는 이를 취소하거나 변경할 수 있다."라고 규정하여 비송사건절차에서는 원칙적으로 기속력이 배제됨을 명문화하고 있다. 다만, 비송사건절차에서도 일정한 경우에는 이 기속력의 배제원칙에 대한 예외가 인정되는 바, 신청에 의하여서만 재판을 하여야 하는 경우에 신청을 각하한 재판에 대하여 신청에 의하지 않고는 이를 취소·변경할 수 없으며(동조 제2항), 즉시항고로써 불복을 할 수 있는 재판에 대해서는 이를 취소·변경할 수 없도록 되어 있다(동조 제3항).

5. 재판의 취소 및 변경

1) 취소·변경 자유의 원칙

제1심 법원은 재판을 한 후에 그 재판이 위법·부당하다고 인정할 때 직권으로 이를 취소하거나 변경할 수 있다.

2) 취소·변경의 주체와 시기

제1심 법원은 항고심이 실체 재판하기 전까지 취소·변경할 수 있다.

3) 취소·변경 자유의 원칙에 대한 제한

(1) 신청에 의하여만 재판을 하여야 하는 경우에 신청을 각하한 재판은 신청에 의하지 아니하고는 취소·변경할 수 없다.

(2) 즉시항고로써 불복할 수 있는 재판은 취소·변경할 수 없다.

4) 사정변경에 의한 취소·변경의 인정 여부

재판이 원래는 적법·정당한 것이었는데도 불구하고 후에 사정변경에 의하여 원래 재판을 유지하는 것이 부당하게 된 경우에도 법원이 이를 취소·변경할 수 있다.
대법원은 임시이사 선임사건에서 사정변경에 의한 비송재판의 취소·변경을 긍정하였으며, 그 적용 대상은 계속적 법률관계로 한다.

5) 재판의 취소 · 변경과 항고법원의 재판

(1) 제1심 법원이 재판을 취소한 경우

심판대상이 소멸하여 종료한다. 이를 간과하고 재판을 한 경우 항고심은 무효이다.

(2) 제1심 법원이 원재판을 변경한 경우

① 일부취소한 경우

나머지 부분은 항고심에 계속되어 항고심의 대상이 된다.

② 원재판을 취소하고 그에 갈음하여 새로운 내용의 재판을 한 경우

항고심의 심판대상이 소멸하며 항고심 절차는 종료한다. 이를 간과하고 재판을 한 경우 항고심은 무효이다.

(3) 항고심이 실체재판을 한 경우

제1심 법원은 취소 · 변경 할 수 없다. 항고심이 기각의 재판을 하였더라도 이는 원심법원을 지지하는 항고심 판단이기 때문에 제1심 법원은 취소 · 변경이 불가능하다.

13 항고

1. 항고의 개념

비송사건절차에서 항고란 하급법원의 결정에 대하여 그 취소·변경을 상급법원에 구하는 불복신청을 말한다.

2. 항고의 종류

1) 보통항고

보통항고는 기간의 제한이 없는 항고로서 비송사건에서의 항고는 보통항고가 원칙이다.

2) 즉시항고

즉시항고는 기간의 제한이 있는 항고로서 법률에 즉시항고를 할 수 있다는 개별적 규정이 있어야만 제기할 수 있다.

3) 재항고

재항고는 최초의 항고법원의 결정이나 고등법원의 결정에 하여 대법원에 다시 불복하는 절차이다.

4) 특별항고

불복할 수 없는 결정에 대하여 재판에 영향을 미친 헌법의 위반이 있거나, 재판의 전제가 된 명령·규칙·처분의 헌법 또는 법률의 위반 여부에 대한 판단이 부당하다는 것을 이유로 하는 때에만 대법원에 특별항고를 할 수 있다.
특별항고는 재판이 고지된 날부터 1주일 이내에 하여야 하며, 기간은 불변기간으로 한다.

3. 항고기간

1) 보통항고

보통항고에는 항고기간의 정함이 없다. 재판의 취소·변경을 구할 이익이 있으면 언제든지 할 수 있다.

2) 즉시항고

즉시항고는 재판이 고지된 날부터 1주일 이내에 하여야 한다. 이 기간은 불변기간이다. 즉시항고는 항고기간의 만료로 재판은 확정되고 더 이상 불복신청을 할 수 없다.

4. 항고제기

1) 항고권자

(1) 의의

항고권자는 그 재판에 의하여 직접 자기의 권리가 침해되었다고 객관적으로 인정되는 자를 의미한다.

(2) 신청사건의 경우

신청에 의하여서만 재판을 하여야 할 경우에 신청을 각하한 재판에 대하여는 신청인에 한하여 항고할 수 있다.

2) 항고의 제기방식

항고는 항고장을 원심법원에 제출함으로써 한다.

5. 원심법원의 처리

1) 신청이 부적법한 경우

상당한 기간을 정하여 흠결의 보정을 명하고 이를 보완하지 않거나 부적법함이 명백한 경우에는 항고를 각하한다. 이 명령에 대하여는 즉시항고를 할 수 있다.

2) 신청이 적법한 경우

(1) 항고의 이유가 없는 경우

의견서를 첨부해 항고법원에 송부한다.

(2) 항고의 이유가 있는 경우

항고가 제기되면 원심법원은 항고에 정당한 이유가 있다는 인정할 때 재판을 경정할 수 있다. 재판의 경정시 항고의 절차는 종료된다. 그러나 경정된 결정에 대해 반대의 이익을 가지는 자가 다시 항고하는 경우 경정이 없는 상태로 환원되어 항고절차가 진행된다.

6. 항고심에서의 재판

1) 심리

당사자는 새로운 사실과 증거를 제출할 수 있으며, 항고법원의 조사범위는 항고 이유에 의하여 제한되는 것이 아니다.

2) 재판

(1) 이유의 필요적 기재

항고법원의 재판에는 반드시 이유를 붙여야 한다.

(2) 불이익변경금지 원칙의 배제

비송사건에서는 불이익변경금지의 원칙이 적용되지 않는다. 다만 과태료 재판은 불이익변경금지의 원칙이 적용된다.

7. 항고제기의 효과

1) 확정차단의 효력

(1) 보통항고의 경우

보통항고는 항고기간의 제한이 없고 따라서 확정력이 없다. 그러므로 재판의 확정차단이라는 문제도 생기지 않는다. 이 경우 사건은 원심재판에 의하여 절차가 종료되며, 항고사건은 새로운 절차가 시작되는 것으로 본다.

(2) 즉시항고의 경우

즉시항고를 허용하는 재판에 있어서는 즉시항고의 제기에 의하여 원심재판의 확정을 차단하는 효력이 발생한다.

2) 이심의 효력

원심법원에 항고의 제기가 있으면 원심재판의 대상인 사건은 항고심에 이심된다.

3) 집행정지의 효력

항고는 특별한 규정이 있는 경우를 제외하고는 집행정지의 효력이 없다.

8. 항고절차의 종료

1) 항고의 취하

항고할 수 있는 권리는 당사자에게 주어진 권리이므로 항고법원의 재판이 있기까지는 언제든지 항고를 취하할 수 있다. 항고가 취하되면 항고는 처음부터 제기되지 않았던 것으로 되고 절차는 즉시 종료된다.

2) 항고의 포기

항고권은 당사자에게 주어진 권리이므로 그 포기도 인정된다. 항고권의 포기가 있으면 항고권은 소멸한다.

14 비송 개별 사건 목차

1. 비송사건 의의

비송사건이란 사권 관계의 발생·변경·소멸에 관하여 법원이 후견적 입장에서 관여하는 사건을 말한다.

2. 〈 … 〉의 개념

3. 절차

1) 관할

주소지 지방법원 단독 판사가 관할한다.

2) 신청인

당사자 또는 이해관계인의 신청으로 개시한다.

3) 신청방식

일반원칙에 따라 서면 또는 말로 한다.

4) 심리 및 재판

(1) 임의적 심문, 임의적 변론 그리고 비공개를 원칙으로 한다.

(2) 법원은 직권으로 사실의 탐지와 증거 조사를 하여야 한다.

(3) 재판은 결정으로써 하며, 이유를 붙이지 않는다.

5) 불복

항고재판은 이유를 붙인 결정으로 한다. 항고를 하더라도 집행정지의 효력이 없다.

15 주요 사건 개념

구분	개념
재단법인 정관 보충	정관의 기재사항을 정하지 않고 사망한 경우에 재단법인 설립을 무효로 하는 것보다는 정관의 보충을 인정한다.
임시이사 선임	선임이사 퇴임, 혹은 사망 등으로 후임이사가 없거나 결원으로 법인이 손해 받을 염려가 있는 경우 이해관계인이나 검사의 청구에 의하여 임시이사를 선임한다.
특별대리인 선임	법인과 이사의 이익이 상반하는 사항에 관하여는 이사는 대표권이 없다. 이 경우에는 특별대리인을 선임한다.
임시총회 소집	총사원의 1/5 이상으로부터 임시총회 소집 청구가 있는 후 2주 이내에 이사가 총회소집을 아니한 때에는 청구한 사원은 법원의 허가를 얻어 스스로 임시총회를 소집할 수 있다.
재판상 대위	채권의 기한이 도래하기 전에 채권자대위권을 행사하기 위해서는 보존행위를 제외하고는 법원의 허가에 의하도록 하고 있다.
질물에 의한 변제 충당 허가	질권자는 채무의 변제를 받기 위하여 질물을 경매함이 원칙이지만 정당한 사유가 있는 경우 감정인의 평가에 의하여 질물을 직접 변제에 충당할 것을 법원에 청구할 수가 있다.
환매권대위행사 감정인의 선임	매수인은 매도인의 채권자가 매도인을 대위하여 환매하고자 하는 때에는 매수인은 법원이 선정한 감정인의 평가액에서 매도인이 반환할 금액을 공제한 잔액으로 매도인의 채무를 변제하고 남은 금액이 있으면 이를 매도인에게 지급하여 환매권을 소멸시킬 수 있다.
일시이사의 직무대행자선임	법률 또는 정관에 정한 이사의 원수를 결한 경우에는 임기의 만료 또는 사임으로 인하여 퇴임한 이사는 새로 선임된 이사가 취임할 때까지 이사의 권리의무가 있다. 법원은 필요하다고 인정할 때에는 이사, 감사 기타의 이해관계인의 청구에 의하여 일시이사의 직무를 행할 자를 선임할 수 있다.
회사해산명령	회사가 공익상 회사의 존속이 허용될 수 없는 경우에 법원은 이해관계인이나 검사의 청구에 의하여 해산을 명할 수 있다. ① 회사의 설립목적이 불법한 것인 때 ② 회사가 정당한 사유 없이 설립 후 1년 내에 영업을 개시하지 아니하거나 1년 이상 영업을 휴지하는 때 ③ 이사 또는 회사의 업무를 집행하는 사원이 법령 또는 정관에 위반하여 회사의 존속을 허용할 수 없는 행위를 한 때
외국회사 영업소의 폐쇄명령	외국회사에 대해서는 회사의 해산명령에 갈음하여 영업소의 폐쇄명령 제도를 두고 있다.

16 주요 사건 특이사항

구분	관할	신청인	신청방식	심리 및 재판	불복방법
재단법인 정관 보충		이해관계인, 검사	소명		
임시이사 선임	합의부	이해관계인, 검사			
특별대리인 선임	합의부	이해관계인, 검사			
임시총회 소집	합의부	총회소집 청구했던 총사원의 1/5이상의 사원	서면 // 소명	이유를 붙인 결정	• 인용결정은 불복 ✕ • 각하, 기각만 항고
재판상 대위		채권자		• 심리(공개) • 검사 불참여	즉시항고
질물에 의한 변제 충당 허가		질권자		• 심문(필요적) • 검사 불참여	불복신청 ✕
환매권 대위행사 감정인의 선임		매수인		검사 불참여	불복신청 ✕
일시이사의 직무대행자 선임	합의부	이사, 감사, 기타 이해관계인		• 진술 • 이유를 붙인 결정	• 각하, 기각만 항고 • 보수 결정 – 즉시항고
회사해산명령	합의부	이해관계인, 검사, 법원 직권		• 관보공고 • 진술 • 이해관계인 담보 제공(악의소명) • 이유를 붙인 결정	즉시항고 집행정지 ○
외국회사 영업소의 폐쇄명령		이해관계인, 검사		• 관보공고 • 진술 • 이해관계인 담보 제공(악의소명) • 이유를 붙인 결정	즉시항고 집행정지 ○

17 신탁사건의 관할

1. 수탁자의 보통재판적

수탁자의 보통재판적이 있는 곳의 지방법원이 관할한다.

2. 전수탁자의 보통재판적

수탁자의 임무가 종료된 후 신수탁자의 임무가 시작되기 전에는 전수탁자의 보통재판적이 있는 곳의 지방법원이 관할한다.

3. 수인의 수탁자가 있는 경우

수탁자 또는 전수탁자가 여럿인 경우에는 그중 1인의 보통재판적이 있는 곳의 지방법원이 관할한다.

4. 유언신탁시 신탁자선임

유언자 사망 시 주소지의 지방법원이 관할한다.

5. 신탁재산소재지

1.부터 4.까지의 규정에 따른 관할법원이 없는 경우에는 신탁재산이 있는 곳의 지방법원이 관할한다.

6. 신탁재산관리인의 선임사건

1) 수탁자 사망하여 상속재산관리인의 선임되는 경우 해당 상속재산관리인의 선임사건을 관할하는 법원이 관할한다.

2) 수탁자가 파산선고를 받은 경우 해당 파산선고를 관할하는 법원이 관할한다.

18 과태료

1. 정식절차에 의하는 경우

1) 절차 개시

법원의 직권으로 개시한다.

2) 관할

특별한 규정이 있는 경우를 제외하고 과태료를 부과받을 자의 주소지의 지방법원이 관할한다.

3) 절차 진행

법원은 재판을 하기 전에 당사자의 진술을 듣고 검사의 의견을 구하여야 한다.

4) 재판

과태료의 재판은 이유를 붙인 결정으로 한다.

5) 즉시항고

당사자와 검사는 과태료 재판에 대하여 즉시항고를 할 수 있다. 이 경우 항고는 집행정지의 효력이 있다. 항고심에서는 불이익변경금지의 원칙이 적용된다.

6) 비용

(1) 과태료 재판 절차의 비용은 과태료를 부과하는 선고가 있는 경우에는 그 선고를 받은 자가 부담하고, 그 밖의 경우에는 국고에서 부담한다.

(2) 항고법원이 당사자의 신청을 인정하는 재판을 한 경우에는 항고절차의 비용 및 전심에서 당사자가 부담하게 된 비용은 국고에서 부담한다.

7) 집행

과태료의 재판은 검사의 명령으로써 이를 집행한다. 집행을 하기 전에 재판의 송달은 하지 아니한다.

2. 약식절차에 의하는 경우

1) 절차 진행

법원은 타당하다고 인정할 때에는 당사자의 진술을 듣지 않고 과태료의 재판을 할 수 있다.

2) 이의신청

(1) 당사자와 검사는 재판의 고지를 받은 날부터 1주일 내에 이의신청을 할 수 있다.

(2) 약식재판은 이의신청에 의하여 그 효력을 잃는다. 따라서 법원은 당사자의 진술을 듣고 다시 재판하여야 한다.

(3) 약식재판에 대한 불복은 이의신청만이 가능하며 즉시항고는 허용되지 않는다. 따라서 당사자의 불복에 대한 의사는 그 제목 여하에 관계없이 이의신청으로 취급한다.

(4) 즉시항고의 방법으로 불복한 경우의 처리

당사자가 비록 즉시항고의 방법으로 불복하여도 이를 이의신청으로 취급한다. 판례도 약식재판에 대하여 즉시항고장을 제출한 경우 그 제목에도 불구하고 이의신청으로 보아 처리하여야 한다고 판시하였다.

2025 박문각 행정사 2차
이준희 행정사실무법 [사례/단문]

초판인쇄 | 2024. 11. 15. **초판발행** | 2024. 11. 20. **편저자** | 이준희

발행인 | 박 용   **발행처** | (주)박문각출판 **등록** | 2015년 4월 29일 제2019-000137호

주소 | 06654 서울시 서초구 효령로 283 서경 B/D 4층   **팩스** | (02)584-2927

전화 | 교재 문의 (02)6466-7202

저자와의
협의하에
인지생략

정가 14,000원

ISBN 979-11-7262-292-3